本书由河南省高等学校青年骨干教师培养计划（2021GGJS072）、河南省哲学社会科学规划项目（2022BKS001）、河南省高等学校重点科研项目计划（23B880002）资助；是河南省普通高等学校人文社会科学重点研究基地河南财经政法大学道德与文明研究中心、河南省社科联人文社会科学重点研究基地南阳师范学院南水北调精神研究院的成果。

从哲学到管理

李尚圭的人生哲学思考

孟维巍◎著

中国经济出版社
CHINA ECONOMIC PUBLISHING HOUSE
·北 京·

图书在版编目（CIP）数据

从哲学到管理：李尚圭的人生哲学思考 / 孟维巍著
. -- 北京：中国经济出版社，2022.12
ISBN 978-7-5136-7201-6

Ⅰ. ①从… Ⅱ. ①孟… Ⅲ. ①李尚圭 - 人生哲学
Ⅳ. ① K831.256 ② B821

中国版本图书馆 CIP 数据核字（2022）第 249281 号

责任编辑 郑 潇
责任印制 马小宾
封面设计 任燕飞工作室

出版发行 中国经济出版社
印 刷 者 北京富泰印刷有限责任公司
经 销 者 各地新华书店
开　　本 710mm × 1000mm 1/16
印　　张 14
字　　数 200 千字
版　　次 2022 年 12 月第 1 版
印　　次 2022 年 12 月第 1 次
定　　价 68.00 元
广告经营许可证 京西工商广字第 8179 号

中国经济出版社 网址 www.economyph.com 社址 北京市东城区安定门外大街 58 号 邮编 100011
本版图书如存在印装质量问题，请与本社销售中心联系调换（联系电话：010-57512564）

目录

CONTENTS

第一章　人生思考

第一节　仁者爱人

“仁者爱人”作为儒家伦理学思想体系的核心命题和儒家核心价值观的基本价值理念，它的产生既是春秋时期社会经济发展的结果，也是儒家对殷周时期民本思想的继承和发展，还是春秋时期稳定社会秩序、安抚人心的举措，更是东亚社会数千年来尊崇的重要伦理道德理念。从形式上，“仁”是人与人之间彼此相爱——“爱人”，要善待他人、关爱他人、帮助他人、体恤他人；在实施方法上，孔子提出“克己复礼”“为仁由己”，自己是实行“仁”的关键，具体而言就是要推己及人，做到“己欲立而立人，己欲达而达人”“己所不欲，勿施于人”。“仁爱”思想提出之始，就与氏族宗亲血缘关系结下了不解之缘。一方面，儒家主张“仁者爱人”，并提出“推己及人”的“忠恕之道”作为实行“仁爱”的基本途径，体现了人与人应该相爱互尊的人道精神；另一方面又主张“克己复礼为仁”，坚持“爱人”必须以“君君、臣臣、父父、子子”为宗法等级关系。因此，“仁爱”体现为君仁臣忠、父慈子孝、兄友弟恭、夫唱妇随等一套宗法等级道德规范，既含情脉脉，又等级森严，而且强调的是“君为臣纲，父为子纲，夫为妻纲”。可见，“仁者爱人”作为传统伦理思想所提倡的道德规范或道德要求，突出体现了个体必须服从家族及等级秩序的整体意识。

“仁者爱人”思想的科学内涵极为丰富，从李尚圭的散文和诗歌作品中可以感知如下几个方面：

第一，“仁者爱人”是身心之爱的统一。李尚圭强调个人的内在修养，追求人格的不断完善，强调律己胜于律人。什么是“仁者”？《礼记·中庸》说道：“仁者，人也。”这里的“人”，“不是生物学意义上的自然人，而是人类社会进入文明时代以后的社会人，这样的人不是天生就有的，而是后天靠修养才造就出来的”。[1]孔子因此说道：“为仁由己，而由人乎哉？”[2]意思就是说，人的德性行为是自觉、主动的，必须通过个体内在的不断努力，才能达到“仁者”的境界，即只有通过后天的修养（修己），才能成为真正的“仁者”。人们要实现修己，就需要不断地进行学习。儒家认为，“仁”与“学”密不可分，“仁”必须通过“学”才能得到。孔子说：“好仁不好学，其蔽也愚。”[3]意思就是说，一个人如果嘴上说自己爱好仁德，但却不注重加强学习，其结果不仅是自身愚昧，还可能受人愚弄。因此，人不仅要有仁德，还需要不断地进行学习。也只有这样，人才能够明晓事理。

第二，“仁者爱人”是爱亲与爱众的统一。这是就人与人之间的关系而言的。“仁”作为一种品行，其实质就是“爱人”，即关心爱护他人。李尚圭认为，“爱人”是人与生俱来的一种本性，同时也是每个人的责任。不懂、不会“爱人”，人将不成其为人，社会也将不成其为社会。一方面，孔子把“爱亲”规定为“仁”的起点，即“爱人”从爱亲开始。“君子笃于亲，则民兴于仁。”[4]“亲亲，仁也。”[5]“仁之实，事亲是也。”[6]可见，“仁”作为道德意识，首先是指“爱亲”之心。这就是说，在以血缘关系为纽带的传统

[1] 匡亚明:《孔子评传》，齐鲁书社 1985 年版，第 11 页。
[2]《论语·颜渊》。
[3]《论语·阳货》。
[4]《论语·泰伯》。
[5]《孟子·尽心上》。
[6]《孟子·离娄上》。

社会中，孝悌是一切美德的起点。另一方面，儒家的“仁爱”并不拘囿于孝悌之爱，而是有所延伸和发展。孔子把“爱亲”推至“爱人”，首先表现为“泛爱众”。“弟子入则孝，出则悌，谨而信，泛爱众，而亲仁。”[1]意思就是说，年轻人在家要孝顺父母，在外要尊敬师长，行为要谨慎，言语要有信，要学会爱护众人，亲近那些有仁德的人。不过，这里所说的“爱众”，相对于“爱亲”而言，是指爱父兄以外的氏族其他成员，并没有超出氏族宗法关系范围。因而它所产生的社会和心理的根据，仍是宗法血缘关系以及由此而产生的社会感情。“爱亲”所涉及的是父子、兄弟关系，而“泛爱众”所涉及的则是社会成员间的普遍关系，它要求爱社会的所有成员。就现实社会来说，李尚圭认为以“爱亲”为根基的“仁”获得了更高层次的道德规定，这就是个体对社会利益的道德义务和社会责任。这是“仁”由“爱亲”而推及“泛爱众”的一个重要的伦理升华。

第三，“仁者爱人”是爱人与爱物的统一。李尚圭认为，人是世间最尊贵的存在。人之所以最尊贵，是因为人是理性的所有者，是改造社会的行为主体。人不是被动的社会存在，而是有计划、有目的地改造对象、具有能动性的社会存在，人具有最高的社会价值和人格尊严。同时，李尚圭认为，“仁者爱人”应表现为人与自然之间的关系。博爱是“仁者爱人”的高级层次，也是它的理想目标。个体只有做到“入则孝，出则悌”[2]，才会去“泛爱众”，但儒家的博爱思想并不止于此，“仁者”的仁爱之心还要惠及鸟兽虫鱼等一切世间事物，即“仁民爱物”。天地乾坤是我们的父母，所以爱天地万物都应像爱自己同胞手足一样，这样才能实现物我相通的“一体之仁”。这也就是所谓的“博施于民而能济众”[3]。所以孔子说：“子钓而不纲，弋不

---

[1]《论语·学而》。
[2]《论语·学而》。
[3]《论语·雍也》。

射宿。”[1]，即不要把鸟兽鱼虫赶尽杀绝。孟子提倡：“亲亲而仁民，仁民而爱物。”[2]，即要亲爱亲人而仁爱百姓，仁爱百姓而爱惜万物。实践中，爱人与爱物的统一，充分彰显了“仁者爱人”的高层次的生命智慧和价值理念。

第四，“仁者爱人”着眼于政治与民众的关系。“仁者爱人”并非只是一般道德意义上个体的“爱人”，它更着眼于政治与民众的关系，要求为政者治国要爱民、富民、惠民、教民。其中，富民、惠民和教民，是实现爱民的途径和方式。中国古代就有先贤指出，“治国之道，爱民而已”。将“爱民”作为治理国家的经验，并实施了一系列爱民、富民、惠民、教民的政策。朝鲜国历史上虽朝代更替，但儒家治国思想中的“按田而税”“省刑薄税”等富民措施，对历朝历代施政均有所影响。在对“仁”的伦理道德和“仁”的政治问题上，儒家的着眼点不是拘泥于个人伦理道德的“仁”，而是重视政治的“仁”。“仁者爱人”就是为政爱民，爱人的本意是爱民，要亲爱天下的百姓。爱民就要坚持“己所不欲，勿施于人”[3]“己欲立而立人，己欲达而达人”[4]。这也是李尚圭在其作品中体现出来的人生哲学和社会政治思想。

第二节　义利相生

义与利的关系是伦理学的核心问题，是一对基本范畴。从中国历史上看，儒家经济伦理产生于春秋战国时期。随着生产力的进步、生产关系的发展，人们在经济活动中如何处理义与利的关系问题就被提上议事日程。因此，中国历史上第一次以“义”“利”范畴展开道义与功利、公利与私利、道德价值与物欲价值、义务与权利关系探讨的关于“义利之辨”大讨论发生

[1]《论语·述而》。
[2]《孟子·尽心章句上》。
[3]《论语·卫灵公》。
[4]《论语·雍也》。

于春秋战国时期就绝非偶然。这一时期，儒家经济伦理思想强调“君子喻于义，小人喻于利”[1]“见利思义”[2]“见得思义”[3]“君子义以为上”[4]，这些构筑了伦理思想传统的价值基石，成为衡量人们获取个人利益方式的正当性与主体行为境界的基本价值取向。

秦汉至隋唐时期，儒家经济伦理思想的统治地位虽受到魏晋时期“玄学”、佛教以及纵欲享乐主义的挑战，但因社会、经济、政治在两汉、唐朝相对大统一的格局下稳步发展，关于义利的争辩从未中断，经济伦理发展的总体趋势还是被控制或被许可在儒家经济伦理思想的基本框架内。而韩愈在《原道》中肯定士、农、工、商“四民”的社会分工为圣人所为，在一定程度上修正了传统儒家重本抑末即董仲舒所倡导的“正其谊而不谋其利，明其道而不计其功”[5]的经济伦理思想，既是对孔子以“庶、富、教”[6]为内涵的经济伦理思想的继承，又实为宋代功利主义经济伦理思想之滥觞。两宋时期形成了继春秋战国以后的又一次大规模激烈的“义利之争”，集中地反映在著名的“王霸义利之辨”中。从北宋王安石与司马光的义利之争到南宋朱熹和陈亮的“王霸义利之辨”持续了200多年。宋代“义利之争”不是对秦汉以来“义利之辨”的简单继承或延续，而是在一定程度上超越了传统儒家经济伦理的范围，标志着宋代功利主义经济伦理思想的崛起。如果说北宋李觏、王安石的“荆公新学”所提倡的功利主义经济伦理思想更多地带有“义利”调和色彩，还停留在传统儒家经济伦理学说范围内，那么，南宋陈亮、叶适所创立的“功利之学”，则高扬“专言事功而无所承”[7]“既无功利，则

[1]《论语·里仁》。
[2]《论语·宪问》。
[3]《论语·季氏》。
[4]《论语·阳货》。
[5]《汉书·董仲舒传》。
[6]《论语·子路》。
[7]《宋元学案》卷五十六《龙川学案》。

道义乃无用之虚语耳”[1]，超越了儒家经济伦理学说，一定程度上反映了当时社会经济发展的客观要求，昭示着一种新经济伦理思想的基本路径和走向，逐渐演变为中国传统社会后期经济伦理思想的主流。宋明理学的义利观将义与利完全对立起来，明代心学主义代表王阳明主张“去人欲而存天理”。而这一思想的主张，则从根本上否定了“利”存在的客观性和必要性。实际上如果不满足人的基本欲望，没有“养其体”的“利”，人本身就不能存在下去，“存天理，灭人欲”会陷入一种无意义状态。到了清朝，出现了以颜元为代表的思想家，在义利关系上对董仲舒和宋明理学的观点作出了尖锐的批判，在一定程度上恢复了孔子提出的义利观的本来面貌。颜元在批评董仲舒和宋明理学的义利观的同时，指出谋利计功是人的活动的普遍特征，道德不是空话而是存在于人们谋利计功的行动之中，“正谋便谋利，明道便计功”，所以他提出“义中之利，君子所贵也”。他的这些观点，继承了先秦儒家“富贵乃人之所欲”，但君子应该“义然后取”的义利观中的合理成分，比较好地将义与利统一起来，这可以说是中国封建社会中较为合理的义利观。这种义利观对朝鲜半岛的文人志士有着深刻的影响，基于以小农经济为基础的农本商末的经济结构和家族主义为基础的家国同构的社会结构，导致了以主张重义轻利为价值取向的儒家经济伦理思想占据韩国社会伦理思想的主导地位。所以，“君子喻于义，小人喻于利”“君子谋道不谋食”“君子忧道不忧贫”等安贫乐道的君子人格，亦是李尚圭一直秉持的价值观念。

第三节　崇道扬善

不同的时代有着不同的善恶理论，并且随着社会的变化，善恶范畴的内涵也不断地变化和演进。因而，传统的善恶观内容极其丰富，并且呈现出不

[1]《习学记言》卷二十三。

同的特征。“修合无人见，存心有天知。”李尚主对善恶、良心有着自己独到的见解，他认为做事不能违背良心，经商不能见利忘义，一切机缘巧合在某种程度上来说，冥冥之中已有定论，要顺应天意人心。同时，他认同“自利利他”的思想，认为人与人之间应该是相互帮扶、和谐共生的关系，这种思想对调节现实利益关系有一定的道德价值指导作用。

人性理论是善恶观的理论基础，在中国哲学史上，最初明确提出人性问题的也是孔子。他曾提出了“性相近，习相远”[1]的命题，但孔子并未对这一命题展开论述。孔子将“性”与“习”相对应，但把“性”作为人的本性的思想却成为先秦人性论的基本理路。“仁义礼智，非由外铄我也，我固有之也。”[2]孟子首先从确立人性的本质入手，说明人的本性之善是先天所赋予的。在人性善恶问题上，荀子反对孟子的“性善论”，明确提出了“性恶论”的观点。在荀子看来，人生来就有贪利、求乐、好逸的欲望，这些天生的欲望是“恶”，至于“善”，则是后天人为的结果。荀子把恶放在人的本性欲望上，把善放在后天人为中，看到了善与恶的对立，反映了人性的善恶斗争是一个历史发展的过程，却有着比性善论更深刻的历史内容。在董仲舒看来，善恶的根源在于“天”，“身之名，取诸天，天两有阴阳之施，身亦两有贪仁之性”[3]。由此在道德修养上，董仲舒又肯定了“教化”的作用，而依据的就是他的“性三品说”和“天人感应说”。北宋时期，周敦颐、程颢、程颐等人致力于哲学本体论和伦理学的结合，创立了以伦理学为主体的理学思想体系。在周敦颐看来，善就是“诚”，是天赋予人的本性，恶则是人们在行动中背离了人的本性而产生的，这也是首次以动静关系来说明善恶。程颢、程颐认为“万物皆只是一个天理”，“天理”不仅是万物的本原和本体，也是伦理纲常的本体。在从宇宙论推演到人性论上，程颢、程颐将人性分为“天命

[1]《论语·阳货》。

[2]《孟子·告子上》。

[3]《春秋繁露·深察名号》。

之性”与“气禀之性”。“天命之性”即“天理”，是至善；“气禀之性”是因“气”有清浊而有了善恶之分。随着封建社会走向没落，明末清初的进步思想家开始了对宋明理学的批判。在人性论上，李贽提出追求富贵财富是正当的、合乎道德的。从人性平等观出发，李贽主张以自我判断作为是非善恶的标准，反对对“圣权”的盲从，反对对异端的排斥。

随着历史发展，在现代韩国，传统善恶观正在努力适应现代社会的发展，并成为具有现代文明气息的新善恶观。除了秉持儒家思想中扬善抑恶的传统，在人与社会的关系上，传统善恶观偏重于社会整体利益，对个人利益较少关注，有一定的片面性。但其对于当今社会，特别是在市场经济条件下由于利益驱动所导致个人利益的膨胀又可以在一定程度上给予纠正，使个人与社会共处于和谐发展之中。李尚圭认为，在人与人之间的关系上，传统文化关于家庭伦理、人际关系的准则设定，对今天无疑也起到一定的作用。特别是在个人的善恶选择、道德修养问题上，传统伦理文化所表现出的强烈的社会责任感和积极的人生理想境界，对现代社会条件下道德理想人格的确立仍有不少启示。总之，现代社会中出现的伦理问题及善恶问题，虽然不能尽由传统文化来救治和弥补，但传统文化中的优秀、积极的成分，却可以为克服工业文明带来的非人化、工具化倾向提供精神上的警示和指导。

可以看到，李尚圭对善恶观的理解和反思是建构在人是社会存在物的基础上的。他认为人在社会生活中，在不同地方、时间、情景下，经常会遇到不同选择，有时这些选择还会相互对立。如果我们的选择正确，就会沿着善的方向发展，步入正途；如果我们的选择错误，就会沿着恶的方向发展，误入歧途。为了更好地作出社会生活中的选择，必须培养一种道德上的正气。这种正气是一种觉悟，是一种道德选择能力，久而久之，就养成一种行为的自觉。这其中包含着一种价值取向的选择，在面临各种矛盾、冲突、关系时，坚持何种价值立场、价值态度和价值倾向，是衡量一个人道德行为选择能力的重要标准。只有坚持正确的价值取向，才能做出正确的取舍，形成正确的善恶观。

第四节　诚以待人

诚信在儒家文化中渊源已久，是占核心地位的一个道德范畴。孔子有言“人而无信，不知其可也”[1]。“诚”不仅是天道本体的最高范畴，而且是做人的规矩；中国传统道德中的“信”概念，与我们所说的守信、忠信概念大体相当，内含着讲信用、遵守诺言或“守命（教令或道）不渝”之意。它不仅是一种伦理信念，行礼必备的品德，而且是一种社会与文化机制，是德行巩固的保证。儒家代表人物一再强调信的重要性，孔子说“言忠信，行笃敬，虽蛮貊之邦，行矣。言不忠信，行不笃敬，虽州里，行乎哉？”[2]荀子也特别强调“信”的重要性，他说，“故用国者，义正而王，信立而霸，权谋立而亡。三者明主之所以谨择也。”[3]“政令信者强，政令不信者弱。”[4]荀子和孔子一样把“信立与否”不仅当作道德修养高低的标准，而且也视作君主治国之要略。

在古代伦理思想史上，“诚信”二字在意义上是相通的，“诚，信也。信，诚也”。因而人们常常把“诚”与“信”联系在一起使用，或者认为“诚”与“信”是互训的，或者认为“诚”是“信”的基础和前提，是实现和贯通“信”的枢纽，或者认为“诚信”复词同义，都有诚实不欺，真诚不妄的意思。“先王贵诚信，诚信者，天下之结也。”[5]这样，诚信便被提到了制约人道、通于天道的本根地位，不仅是交友之道、夫妇之道、治国之道，也用于生活的其他领域，而且成为人们所必须遵守的基本准则。在《春秋繁露·王道通三》中，董仲舒把天之五行与人的五常相比附，提出了“天人

[1]《论语·为政》。
[2]《论语·卫灵公》。
[3]《荀子·不苟》。
[4]《荀子·强国》
[5]《管子·枢言》

合类”的思想，其中“以信配金”是把信放在五常之首的地位进行强调的。北宋周敦颐建立了“以诚为本”的道德本体论的形而上学体系。在他看来，“诚”既是宇宙的精神本体，又是道德的本原。这种“诚”的理论特点，是把伦理准则上升为宇宙本体，即使人道伦理具有天道的本体性，又赋予天道本体以人道的伦理性，于是天道与人道便相互沟通，合而为一。这是对先秦儒家天道人道关系的继承和创造性发挥。

经历第二次世界大战之后，随着韩国社会的变化和经济的腾飞，李尚圭用自己一生的奋斗诠释了诚信对个体成长和经商的作用，他对诚信有自己深刻的认知。首先，诚信是立身之本。没有诚信，一个人在社会上就无法立足，无法做人。传统文化中的诚信属于一种由人格信任、亲缘信任构成的德行范畴，强调“言必信，行必果”，如果不讲信用，就不是君子而是小人了。诚信是一个人品质修养的必具要义，是人之为人的本质体现，人的尊严、人格都是建立在诚信基础之上，守信还是不守信更多依赖于人格良心，不诚实不守信的人没有信誉，也无人格可言。其次，诚信又是人伦交往的基本准则。不论是人伦交往，还是其他社会交往，都应该以信义为本。“朋友有信”是儒家文化历来主张的一个原则，“与朋友交，言而有信”[1]。在社会生活中，诚实守信才会维持良好且持久的人际关系，而良好的社会人际关系在现代已成为事业成功的重要社会资源。一般而言，一个人的社会资源、事业能力、政治经济地位，往往与他的信誉程度联系在一起。此外，诚信还是立国之基。国“无信不立”。社会的诚信危机会导致社会风气败坏，民心散失，最终造成国家的无序和混乱。当年学生问孔子如何治理政事时，答曰：“足食，足兵，民信之矣。”[2]当问不得已而必须去掉一个时，先去哪一个，孔子曰，去兵。再去？去食。“信，国之宝也”。诚然，在全球化的大背景下，在韩国企业国际化的过程中，道德、诚信是一个企业最好的“名片”，是一个企业

[1]《论语·学而》

[2]《论语·颜渊》。

走出区域迈向全国甚至走向全球必须具备的品质，做好企业的产品品质和信誉，做好企业的社会担当，才能赢得世界对自己企业的尊重与认同。可见对于国家发展来说，“信”是重之又重。

第五节　天人合一

治天下者先治己，治己者先治心。儒家“天人合一”的思想是关于天人关系的阐释，主张人与天地万物紧密相连，强调人们既要对自然保持诚敬之心，又要注重人本身价值潜力的发挥，注重对生态伦理的关怀并以此实现人与自然的和谐共生。孔子肯定天地是有生命的自然界，能创造出万事万物，天地即自然。“天”有时又是仁德之天。“获罪于天，无所祷也。”[1]孔子赋予“天”道德的品质，人倘若做了有失德行的事情违背了天道，就要接受上天的惩罚。不管对“天”做何种解释，孔子“天人合一”的思想始终保持一个核心，即主张对天地万物保持敬畏之心、诚敬之情。孟子在孔子的基础上拓展了对“天”的认知，使天人关系的思想更加符合世道伦理。“莫为之而为者，天也；莫之致而至者，命也。”[2]孟子认为天命是一种强大的外在力量，远超于人力之外，不受任何人力的影响。天命指代人力不可更改的命运，所以人们要顺应天道。董仲舒的天人感应是汉代“天人合一”思想的主要代表。“天亦有喜怒之气，哀乐之心，与人相副。以类合之，天人一也。”[3]董仲舒认为上天虽是至高无上的存在，但人们依然可以感知到上天，使得行为处事符合自然之道。

李尚圭认为，“天人合一”的思想将人与自然看成是协调统一、不可分割的整体，主张对自然心生敬畏。而在当代社会，人们对待自然的态度发生

[1]《论语·八佾》。
[2]《孟子·万章》。
[3]《春秋繁露·阴阳义》。

了转变，各种凌驾自然、支配自然的态度皆不可取。儒家思想有助于我们在生态危机形势下重新审视人与自然的紧张关系，加大对生态环境伦理问题的关注。人作为自然界中的一部分，应自觉树立对待自然的正确态度并发挥主体责任意识。我们要尊重自然规律，树立科学的生态理念，推广健康的文明行为。在生态文明建设中保持高度的历史责任感，用担当精神构建健康与共享的公共生态环境。儒家“天人合一”的思想主张天地万物和谐共生，追求人与自然相得益彰。这与当代社会所倡导的绿色发展、低碳环保等理念不谋而合，其中蕴含了尊重生命、敬畏自然，对资源的节约及合理利用，开发与保护相结合的价值取向。坚持走可持续发展道路，要求人类在经济发展过程中不能只注重结果忽视过程；不能只看经济效益，忽视生态危机。二者都强调要遵循自然之道，合理利用自然资源，反对竭泽而渔的开发方式。总之，儒家“天人合一”的思想有助于缓和人与自然之间的紧张关系，有助于树立绿色发展理念，实现人与自然和谐共生，为构建当代可持续发展道路提供思想借鉴。

第二章　文学创作纵论

人类文明生生不息，不断前行。在文明发展史上，文学、音乐等艺术形成对于过往传统价值观的记录和保护起到重要作用，对文学作品进行品评与反思，有利于人们重新发现时间和空间，更有利于与不同时代的文化和价值观进行对话交流。李尚圭是韩国知名诗人、散文家、社会活动家，他在文学创作领域中取得了令人瞩目的成就，其影响已经超越了韩国文化界，在中国文化界也有一定的影响。“深受韩国文人们的尊敬，更为特别的是其诗作早已蜚声中国文坛。”[1]尤其是其诗歌创作，由于其诗歌的题材独特、风格独创、思想深刻，使其在中韩文坛上享有一定的声誉。

第一节　文以载道

真僧只说家常话，口语也登大雅堂。李尚圭是那种大巧若拙、大智若愚、大灵若钝的作家。他的文字，也是这样。看他的作品，常常为他的见识，他的审美，他的趣味而打动，生生照出人与人思想领域的差距；也会为他文字里不动声色的幽默，世事洞明的练达，引而不发的诙谐留白而拍案叫

[1]［韩］李尚圭:《李尚圭诗选》，河北大学出版社 2012 年版，第 1 页。

绝。李尚圭是很难被归类、“一言难尽”的作家。说他雅吧，他擅长在俗物、俗事、俗语里打转儿。他的文字通灵剔透，让那些土得掉渣的事物开出朴素的花来，香气袭人，又回甘不绝。通过对其散文集和诗歌集的品评，我们可以清楚地看到，李尚圭的散文创作成就卓然，其散文作品中充满了诗歌的韵味，实现了“诗化散文”的创作境界。

李尚圭作品中呈现出来一种对自然之美、生活之真的追求，其将诗歌与散文结合起来的创作方式使其作品极具表现力与感染力。在李尚圭的文学作品中，可以看到其中蕴含着众多生动饱满、寓意深刻的意象，并能够使阅读者从中获取丰富的哲理思考。李尚圭的作品创造了诸多情景交融的美好意境，能够让人沉浸其中、物我两忘，获得美感的体验。由于想象力的不断涌现与链接，使得他的作品是充满生气与灵动的，阅读者不会产生单调枯燥的体验。李尚圭的作品“感情细腻丰富，文笔清新优美，内容易懂却不落俗套”[1]，涉及的主题非常广泛，并且具有很强的表现力。在他的作品中，有对理想生存的想象，有对美好风景的感怀，有对如风往事的追念，有对社会万象的评判。李尚圭能够在诗歌与散文两种文体之间自由转换，体现了强大的文体驾驭能力。不同文体之间的自由切换，不仅没有增加他的创作负担，反而使他的创作视域得到了很大的拓展，也提高了艺术作品的创造力与表达力。他将散文创作的经验融入了诗歌表达的手法，诗歌创作的经验也借鉴了散文表达的精华。在李尚圭的文学作品中，实现了散文创作与诗歌创作的有机融合。

李尚圭作品中蕴含的丰富的表达方法，使其思想的传达更加意味深长。在李尚圭的作品中，无论是诗歌还是散文，通常很难见到比较直白的表达。李尚圭非常重视语言的委婉含蓄，不会不假修饰地直抒胸臆，反而非常注重表达的节制与语言的精致。因此，在李尚圭的作品中，既可以看到用词

[1] [韩] 李尚圭:《李尚圭诗选》，河北大学出版社 2012 年版，第 153 页。

的美妙精致，又能体会到意蕴的无穷无尽。李尚圭的作品呈现的不仅仅是一个审美的世界，让人在阅读过程中获得丰富的审美体验；也建构了一个意义的世界，让人在品味中促成深刻的意义沉思。

美在意象，意象是道之载体。在《素井漫谈》这本散文集中，李尚圭所选取的意象种类丰富，生动鲜明，既有诸如像京畿道高阳郡里的“奶奶家”、冬日的五台山和寂灭宫、二道岗村这样的风景性意象；又有像虔诚拜佛的白衣女子、默默劳动的清洁工人等人物意象；而动物意象也是他散文中个性独具的意象类型，昭阳湖悠闲从容的白鹭、并不逊于人类智慧的喜鹊、生命脆弱不堪的山蜘蛛与淡水虾、狡猾卑鄙的肥鲤鱼，以及被收养在家却一直怀有一颗出逃之心的流浪猫，都寄托了他深厚的寓意；而像故乡的金达莱花、绽放的雪花、长白山的野花等这样的自然景物，同样也是他精心选取的意象。以上这些意象大都寓意饱满、蕴含深厚、情味隽永，成为显示李尚圭散文艺术风貌的标志性代码。

李尚圭的作品既有偏重于主体人物的，也有偏重于客体自然的，最为可贵的是，他可以巧妙而又准确地将人的寄托体现在自然万物之中。热衷于旅行的李尚圭自然不会放过在散文中加入他的“风景性意象”的机会，而在沿途之中所遇见的人与物也分别作为“人物意象”和“自然景物意象”一同融入了他的散文之中，这些意象共同承载了他的主体情思，浓缩了他的个人体悟。其中既有他对理想人格的赞美与讴歌，也有其对难以企及的自由生活的憧憬与向往，当然也少不了他对于生活的感悟和对生命的哲思。李尚圭在白鹭身上寄托了不一样的情感，即善于等待。他对于白鹭从容沉稳的生活态度和精神气质尤为推崇：“白鹭长长的脖子在古文中被人们用来表达等待。懂得等待的白鹭，不疾不徐的身姿，诠释了古代文人的气质。”[1]

李尚圭的深刻感悟是通过鲜明的意象体现出来的，往往让读者在流动的

[1] [韩] 李尚圭:《素井漫谈》，河北大学出版社 2014 年版，第 26 页。

境域中接受诗性的教化。李尚圭在作品创作中倾向于将情感体验的触角伸向感觉中的事物，在手法上善用修辞来强调并渲染意象，进而由意象流动汇成情境与意境，风格上注重写意与象征，这使得他的散文哲理与诗意并存，生命意识与生存感觉相契，时刻散发着迷人的气息。例如，李尚圭对“等待”尤为推崇，甚至把它上升到了哲学和美学的高度。“等待是人类的权利、义务，也是人类的幸福”，“在等待中成熟，在等待中萌发浓浓的爱情，在等待中创造人生之韵味”，也只有“懂得原谅，懂得忍耐的等待才能给人类带来真正的生活。”[1]他常常将理想的人物、动物形象置于优美的自然景色之中，以此形成一层诗意的氛围，既表现出他们高尚的情操，也以此作为反思自身缺陷的一面镜子，这何尝不是一种知识分子的真诚自省呢?

李尚圭的等待美学很能体现他的艺术创作特色，道是自然而然地融入意象之中的。不论是虔诚拜佛的白衣女子，还是漫步于昭阳湖畔的悠闲白鹭，都是李尚圭用来推崇理想人格、表现“等待美学”所精心塑造的意象。另外，李尚圭对于白色有着别样的喜爱。白色作为一种意象经常出现于他的笔端，作为一种他的理想与情感的寄托而存在。在他看来，“白色是纯粹的象征，是洁白的象征，富含韵味却不炫目，高尚却不孤傲。”[2]这恐怕也是四季皆有美景而他独爱冬日的原因所在吧。他热衷于雪景，仿佛置身于茫无边际的冰天雪地之中就达到了“物我两忘”的境地。“皑皑白雪面前，大自然、毗卢峰、你和我、寂灭宫、年轻的女子和太太都变成了雪花。”[3]他钟情于冬日的雪花——这个他“心中沉睡的花”，为此还特意写下一篇《干涸心田中绽放的雪花》来赞美之。在李尚圭的散文中，“雪花”这一意象实际上是他内心孤独体验的外化。作者的这份孤独，既来源于城市空间的挤压，也有周围人对于自己诸多行为的不理解。所以，当他怀着这样的心态去审视雪花，

[1] [韩] 李尚圭:《素井漫谈》，河北大学出版社 2014 年版，第 42 页。
[2] [韩] 李尚圭:《素井漫谈》，河北大学出版社 2014 年版，第 26 页。
[3] [韩] 李尚圭:《素井漫谈》，河北大学出版社 2014 年版，第 20 页。

竟然发现他与雪花有些许共通之处。作者孤独的心境遭遇了雪花，便赋予了它同样孤独却又顽强的性格："风越来越猛，气温越来越低，雪花绽放得越发绚丽"。环境越艰难，便越绽放得越绚丽多姿，这难道不是身处逆境却又坚韧不拔、顽强坚持的作者本人吗？"在干涸心灵的枝头上，不是我，而是你，践踏着我的胸膛，绽放着你的花朵"，[1]这既是一种赞美，又何尝不是一种自勉和鼓励呢？李尚圭对于雪花寄予了深刻的情感，而当这种内心强烈的情感无法通过散文的方式叙述出来时，诗歌就成了体表他这种情感的最佳文学载体。

第二节　文以明志

文字和文学往往只是个人的记录，但呈现的是这个人所从属群体的意识。李尚圭有强烈的历史意识与问题自觉，他的作品与历史和现实存在密切的关联。尽管李尚圭不是历史学家，但却有着史学家的眼光和气质，这体现在他经常在散文中反复强调了解历史、尊重历史以及反思历史的重要性和意义。正是这种对于历史极为强调与重视的精神，使得他的作品，不论是诗歌还是散文，都显得深沉与厚重。作品中，李尚圭指出当下韩国的许多社会问题，追根溯源都有着深远的历史原因。此外，李尚圭希望更多的人可以了解历史，所以他在了解到中国延边地区有一批朝鲜族的文学史料亟待搜集与整理之后，便义无反顾地投身于搜集、整理、保存、编写与出版朝鲜族文学史料的事业中去，用实际行动践行着自己的"分享哲学"。

李尚圭认为传统的遗失，是造成现代困境的重要因素。大韩民国有着悠久的历史和文化传统，其中精华部分作为宝贵的文明财富是需要现代人去继承并发扬光大的，但现实中的韩国人似乎却将这些财富"拱手相让"了，比如"适时而定"这一韩国传统的处世之道在现实中被抛弃，取而代之的是对

[1]［韩］李尚圭：《素井漫谈》，河北大学出版社 2014 年版，第 32 页。

财富不加节制地攫取；再比如韩国向来以“白衣民族”自居，但利欲熏心的现实环境似乎也玷污了这抹纯洁的白色……现代人并没有用传统的智慧去装点现实的人生这无疑是令人遗憾的；另一方面，有些青年人对于韩国以及与韩国相关的一些基本史实全然不知，这种现实困境和倾向也让李尚圭感到担忧。

李尚圭用自己的生命热情，从日常万象中提炼对人类生存境遇的深刻思考。无论是面对朴素的自然还是平凡的生活，李尚圭都怀有一颗善于联想的心和一双善于观察的眼睛。他热爱自然，并善于将大自然的美景装点上生命的色彩，联想新奇，充满哲理。虽然春夏秋三季的风景颇有韵味，但在冬日里爬山却别有一番滋味。“攀爬荒凉的苍山，战胜狂风，站在山峰之巅的感觉就像拥有了全世界，令人感慨万千。”由此李尚圭联想到了人生也如冬日爬山一样，只有历尽千辛万苦取得的成功才是富有含金量的。“廉价的成功怎能同浸满汗水的人生相提并论。冬日的山峰苍凉无情，而冬日的山路却像生活中传来的捷报，同时诠释着苦尽甘来这一道理。”[1]在目光所及之外，有许多丰富的意蕴。

李尚圭通过联想，将生存境域的白描与反思结合起来。面对自然，李尚圭喜欢展开联想，他将这种联想的习惯延续到了平凡的生活中去。《底座的叛乱》《疏枝与嫁接》《贼猫与销赃人》《山蜘蛛之死》等这些富有生活气息的文章中都蕴含着他丰富的联想。比如在《底座的叛乱》中，李尚圭通过一次自己在钓鱼时因底座没有调整好而掉入水中的尴尬经历，联想到钓鱼和工作有相似的一面。他强调如果在工作前还未考虑周全，便匆忙打造一个个不稳定的座位来，祸事自然会找上门来，并进而联想到国家的发展。对现实极为关注的李尚圭经常在对日常生活进行描写和思考的过程中，笔触不经意地就滑向了对现实的批判。

---

[1]［韩］李尚圭：《素井漫谈》，河北大学出版社 2014 年版，第 18 页。

李尚圭热爱传统、重视历史，但对自身的历史传统又有着极为冷静清醒的认知。李尚圭在随笔散文创作中，对韩国传统历史文化中的诸多负面成分进行了冷静的审视，他指出当下许多的社会问题，追根溯源都有着深远的历史原因。他在《我们的传统是珍贵的？》一文中，对于韩国传统文化中的家族意识以及由此延伸出的亲缘文化、圈子文化表达了自己的看法。在他看来，历史演变过程中，这种独具韩国特色的亲缘文化与圈子文化的形成固然有其历史和社会背景，但在现实社会中它们却有着偏离其本意的发展趋势，并逐渐演变成一种不良的社会风气。

李尚圭认为，对血缘关系的重视，源自于农业的生产生活组织形式。韩国家族意识的浓厚既有其本土的社会原因，也有外来文化的影响。李尚圭在作品中主要揭示的是前一种原因。韩国之前是农业社会，农业生产是重要的生活方式。但由于其国土面积的 70% 为山区，这就导致农业用地非常有限，为了“通过务农来维持生计，那个时候大家自然会觉得农业用地异常宝贵，以耕地为中心，群聚而居则成了再自然不过的现象。”[1]这也客观上促成了早期村落的形成。农业文明发展初期由于生产力低下急需劳动力，所以生育变得极为重要，再加上当时人们结婚早，“孩子也多得几乎无法确切估算”，这也使得“给孩子们成家、分家”成为必须要做的事情。这便形成了一种在李尚圭看来“不足为奇”的“文化景观”，即“整个村子由同姓的、本家的人构成”[2]，这也是家族意识最初能够产生的社会背景。在儒教文化的影响下，“韩国人的家族意识具有悠久的传统，社会影响广泛，几乎深入到家庭和社会生活的各个方面。”[3]家庭在韩国人心目中的重要地位不言而喻。不同于西方社会中仅由父母儿女构成的小家庭，韩国的家庭范围更为广泛，是一种由相同血缘的各个小家庭集合起来的“大家庭”模式。在韩国家族的家谱中，

[1] [韩] 李尚圭:《素井漫谈》，河北大学出版社 2014 年版，第 116 页。

[2] [韩] 李尚圭:《素井漫谈》，河北大学出版社 2014 年版，第 116 页。

[3] 李红杰:《韩国国民素质考察报告》，广西人民出版社 1999 年版，第 46 页。

不仅包含家族中有史可查的所有前辈先人，甚至还包括未来五六代男性子孙的名字。由此可见，血缘关系成为维系这种家庭模式的关键所在，而对韩国人而言，最重要的亲属就是和他们有着直接血缘关系的、处在圈子核心位置的前辈。而随着圈子的向外扩散，关系的亲密程度也逐渐递减。

文化交流是民族沟通的重要途径。如何增进不同民族间的理解与认同，在李尚圭看来，文化应该发挥其沟通与桥梁的作用。大地有界，文化无疆。文化的宣传才是真正具有建设性的宣传，因为它会使人相互了解，相互尊敬，相互帮忙。而李尚圭也以实际行动践行了这一理念。有感于延边地区朝鲜族文学事业发展的落后，他倾尽全力地对其进行帮助，并由此拉开了他促进中韩文化交流事业的序幕。他号召韩国社会和文学界帮助和支援延边的文学期刊《阿里郎》，因为这是承载中国朝鲜族作家作品的良好载体，也是了解其文化精神的重要平台。“当今社会，我们若不想在世界化的潮流中落伍，必须知己知彼。”[1] 加强民间的文化与文明交流是世界潮流的趋势所在。

李尚圭不仅关心人类自身的生活，还颇有动物叙事的情怀。正是因为现实生活中有太多不尽如人意的地方，作为心系社会且有强烈使命感、责任感的李尚圭自然不会袖手旁观，而是竭尽所能去帮助生活中那些需要帮助的人。博爱的李尚圭对于世间万物均抱有一视同仁的态度，这也决定了他所帮助的对象绝不仅仅局限于人类，还有与人类休戚与共的生灵。李尚圭对于动物有着极为深厚的感情，从他在散文中为这些生命给予的篇幅便可一窥究竟。在《素井漫谈》这部散文集中，至少有七篇文字是以描写动物为主的：被收留的流浪猫、路边树枝上的喜鹊、院子里的山蜘蛛、被打捞上岸的鲤鱼与淡水虾……均可以作为作者描写的对象出现在散文当中。人和动物的关系是李尚圭在思考与探索人与自然的关系时所选择的一个重要切入点和突破口，这些散文中的动物意象也承载着李尚圭诸多的情感寄托、社会批判、对

[1] [韩] 李尚圭:《素井漫谈》，河北大学出版社 2014 年版，第 171 页。

现实问题的思考以及对于人类与其他物种之间关系的反思。也正是从这个意义上说，李尚圭散文中的“动物叙事”才更加显得独特而内涵丰富。

李尚圭的动物叙事，最终依然是为了回归对人类自身生存境域的反思。在《喜鹊巢带给人类的讯息》中，作者在为喜鹊筑巢能力所折服的同时，也对人类社会的“豆腐渣”工程大加斥责。喜鹊筑巢的第一原则是安全：“喜鹊很聪明，有着卓越的预知能力，它可以分辨出安全和不安全的树木……只要树木存在一丝危险，喜鹊便不会在上边筑巢”[1]；反观人类，“号称自己在地球上头脑最发达”，却目空一切，全然不把安全第一放在眼里。李尚圭坦言，“人类经过长年累月的研究和探索，形成了高度发达的物质文化社会”[2]，但住房安全问题的频频发生却暴露出一个尴尬的现实，即精神文明并没有伴随着物质文明的增长而相应提高。人们在拜金主义思潮的侵袭下，竟然做出“无视那么多人的生命，抱着利用豆腐渣工程来致富”[3]的举动，这和喜鹊“安全第一，宁缺毋滥”的生存智慧相比，简直相形见绌，高下立判。如果按照人类自我感觉良好的标准，人类无疑在力量、智力、品行各方面都是占有绝对优势的，但喜鹊筑巢的事实则告诉我们，人类的这种“良好的自我感觉”是多么的滑稽与可笑。

李尚圭在其借动物叙事作品中彰显着他的良知和良能，我们也从他文字的背后感受到了他心系底层、浓厚的人道主义情怀。作为对社会问题较为敏感的李尚圭，也通过散文的笔触，表达着自己对于社会现实的理解和认知。《父亲教给孩子的谬论》《令人羞愧的传承》《穷孬夫与富兴夫》都是他有感于韩国教育现状而写下的文字。李尚圭对于所谓的“学历至上，文凭通吃”的说法是不屑一顾的。在他看来，教育的目的是让人更好地成长，此所谓“教人活得更像个人”，而为了追求学历与文凭无所不用其极，甚至可以

[1]［韩］李尚圭:《素井漫谈》，河北大学出版社 2014 年版，第 55 页。
[2]［韩］李尚圭:《素井漫谈》，河北大学出版社 2014 年版，第 55 页。
[3]［韩］李尚圭:《素井漫谈》，河北大学出版社 2014 年版，第 56 页。

为此牺牲个人与家庭的幸福，显然就是背离了教育的初衷。李尚圭放眼整个韩国社会，人们对于教育的热度堪比孟母三迁：能力有限、不能出国的家庭拼命要让孩子上名牌大学，而有能力送孩子出国留学的家庭则更是“不惜搭上一个家庭的命运”：“大雁爸爸”把妻儿送到海外去读书，而自己留在国内拼命赚钱，最终“沦为挣钱的机器”，因过度劳累而不幸身亡；妈妈则“沦落成了照料孩子的佣人”，“过热的教育引发了一个家庭的悲剧”，教育的题中之义本不该如此。李尚圭甚至把韩国的这股畸形教育浪潮上升到了“招致亡国”的高度，为那些即将送孩子去大学的父母敲响了警钟。

李尚圭对教育热持一种理性与冷静的态度，并不意味着他不看重教育，恰恰相反，在李尚圭的教育观中教育是一种广义的教育，而并不仅仅是局限于学校内的狭义的教育。比起学校的专业与正规教育，来自父母的家庭教育在李尚圭看来似乎更为重要。李尚圭教育观的核心在于“教人活得更像个人”，而父母对子女的干涉与溺爱，则剥夺了其成为一个健全之人的可能性。过多的干涉与命令让孩子变得无能，过多的溺爱则让他们丧失了自立意识，无法在逆境中克服困难。李尚圭坦言，孩子教育的失败，社会当然也有些许责任，但“首要责任、次要责任，我觉得都应该由父母来承担。”[1]而在《父亲教给孩子的谬论》中，李尚圭则对于父母在教育孩子过程中不懂装懂，将错误当做真实的行为表示了担忧。历史是严肃而认真的，不认识历史就无法把握现在，展望未来。但现实却是，很多父母担心被孩子的问题问住答不上来而羞愧难当，所以便想当然地将自以为正确的谬论当作真实教给了孩子。真相在李尚圭看来异常重要。他曾在《迷失的真相》一文中对当今这个“真相迷失”的社会中发生的种种怪现象感到遗憾与无奈，而之所以会出现这么多掩盖真相的人，难道和他们从小所接受的教育没有一点关系吗？李尚圭本人就非常重视对于子女的言传身教，其子在其耐心劝说下走上了自主创业的

[1]［韩］李尚圭:《素井漫谈》，河北大学出版社 2014 年版，第 113 页。

道路，而女儿也受他影响潜移默化地爱上了诗歌文学，并创作了大量优秀的作品。韩国金锺焕 教授不仅对李尚圭的诗歌创作赞赏有加，更对他的教子有方表示了钦佩；韩国诗人李宰户更是在评价李尚圭女儿的诗作时说，她的诗“与其说是由于天赋而具有哲理性，倒不如说是女儿美丽的心灵花园被父亲栽培的结果。”[1]韩国的多家媒体也曾多次对父女二人进行采访，探讨他开放式的家庭教育方法，看来李尚圭在教育子女方面确实有着过人之处。

李尚圭认为，走在时间前面，做好充分的准备，是获得安稳平顺的前提条件。李尚圭曾在《底座的叛乱》一文中讲述了他在钓鱼时，因没有提前调整好座位的底座而失去重心掉入水中的一段经历。这也不妨看作是他对于教育与工作关系的一种隐喻的象征描写，底座代表着工作前所接受的教育，而钓鱼则是作为工作的一种隐喻：“就像这样，不管什么事，人们还未考虑周全，便匆忙打造出一个个不稳定的座位来。人在上边工作，祸事自然会找上门来……如果不想摔下去，自己坐的座位得结实点才行。”[2]在接受教育的过程中，充实自己的专业学识、提高自身的道德素质，才是把工作做好的前提条件；如若不然，掉入水中的尴尬经历还会在日后持续不断地发生。当今韩国职业道德危机的出现，追根溯源是人们的价值观出现了问题：艰苦奋斗被享乐拜金所取代，而要想扭转这一局面，诉诸教育，仍然是必不可少的举措。

李尚圭有大爱之心，注重帮助他人通过知识获得解放。李尚圭重视教育，还体现在他不惜花费重金去资助那些上不起学的穷学生。尽管由于种种不可抗力，他曾经不得不牺牲本人或是其家人继续上学深造的机会，但在面对其他因贫困而无法上学的孩子时，他还是会义无反顾地伸出援助之手，尽量为他们提供入学的机会，让他们能够和别人一样享有受教育的权利。在韩国接受现代教育的前提是需要大量金钱的支撑，这也让教育资源的分配变得

[1]［韩］李尚圭:《素井漫谈》，河北大学出版社 2014 年版，第 178 页。
[2]［韩］李尚圭:《素井漫谈》，河北大学出版社 2014 年版，第 122–123 页。

极为不均衡，富人接受更好的教育，穷人则只能在高昂的学费面前望而却步。教育资源的分配不均也是韩国社会存在的问题之一，高收入人群的全部收入中教育投资所占的比重远高于低收入人群，更不要说那些还在温饱线上挣扎的底层民众了；“家境好的学生能够上得起补习班，成绩也往往优于家境贫寒的学生，这又导致教育的不均等引起的阶层分化现象”[1]，“上流阶层和下流阶层之间的收入差距扩大到了教育差距，这最终可能导致社会差距的固定化。”[2]尽管仅凭李尚圭一己之力，根本无力改变这种现状，但起码他为教育公平化做出了自己的努力与贡献，仅凭这一点就足以值得人们尊敬。李尚圭对于扩充学识的重要性极为强调，认为这是在残酷社会环境中安身立命的必然选择。“若想让自身不沦为自然法则中无辜的牺牲者，就只能壮大自己的力量，成为强者。因此我们在这残酷的社会环境中，不得不比别人学得更多，比别人积累更多的财富”[3]。

李尚圭作为一名企业家和社会活动家，自然也对于韩国职业道德的现状格外关注，并有着自己的认知与理解。当然，他在散文中所强调的职业道德更多的还是一般意义上的范畴，尽管在他的笔下出现了各式各样的职业人员，但李尚圭并没有将其严格地区别对待，而是对这些人都提出了普遍的职业道德标准，即爱岗敬业、诚信友善、尽职尽责、勤俭节约等。在李尚圭看来，只要每个人都身居其位、各安其职，社会就能正常地运转；而现在社会之所以出现问题，很大程度上是由于人们不遵守行业规范，导致了职业道德出现严重滑坡。

李尚圭在生活上向来主张勤俭节约，反对铺张浪费，这也直接影响着他的企业经营理念的形成与建构。在李尚圭看来，任何工作都是有其价值所在的，没有高低贵贱之分，关键在于是否用心去做。李尚圭在《老人与清洁

[1] 詹小洪:《韩国为什么与众不同》，辽宁人民出版社 2016 年版，第 186 页。

[2] [韩] 权五勇:《韩国病》，新华出版社 2008 年版，第 232 页。

[3] [韩] 李尚圭:《素井漫谈》，河北大学出版社 2014 年版，第 165 页。

工》一文中，就赞扬了清洁工人对于工作的尽职尽责，与对自己负责的事情毫无怨言的工作态度，对比清洁工的负责，他为自己的无所事事而感到羞愧，但实际上真正感到羞愧的应该是他笔下所讽刺的那些人吧。李尚圭认为，平凡之人亦能从日常生活生存中绽放独特的光彩，关键在于每个个体对待生命生活的态度。

李尚圭极为重视文学创作的社会使命，他认为只有扎根于真实大地上的创作，才能够体现出文艺的生命力，并推动社会的发展进步。李尚圭也曾在《纪念金学铁先生》一文的结尾处，赞扬金学铁先生对于读书与创作的热爱。他认为能够真正成为金学铁先生生活慰藉品的只有读书和创作，而在"创作"一词的后面，李尚圭特意补充到"披露现实"，足以见得他对于文学披露现实作用的强调与重视。这种创作观也在某种程度上影响着李尚圭的写作，让他在创作中有意识地去揭露现实、反映矛盾。韩国经济高速发展过程中贫富差距逐渐拉大是一个不可避免的现实，处于"食物链"底端的底层民众成为他目光经常投射到的对象，他通过描写弱小的动物寄托着自己对于底层百姓的同情；而经济发展所带来的另一后果是人们对于教育的热衷，韩国的教育热已经成为世界性的话题，而在李尚圭看来，以理性的态度给这股热潮降降温才是当下应该做的事；教育水平的高低不是以文凭来衡量，而是以做事和做人的能力和水平作为参照，韩国当下职工职业素养的低下很大程度上是最初的教育出现了问题……如此种种，都体现着一个知识分子应有的良知与责任。在当下时代，越来越多的作家对于现实生活有所疏离，脱离生活、游离现实、淡化矛盾的创作倾向几乎成为一种常态，李尚圭是少有的能够植根于现实创作的作家，他一直正视并致力于表达出现实生活中存在着的堪称尖锐激烈的矛盾冲突，这种精神的确应该得到有力的肯定。

在李尚圭的作品中，非常注重探索人的生成与塑造。关于理想民族人格的建构一直是李尚圭孜孜不倦所思考与探索的事情，以至于在旅行途中，所见所闻都能成为他思考这一问题的切入口。在《白鹭变乌鸦飞行之日》中，昭阳湖的白鹭又一次让作者陷入了沉思，也成为他理想人格的象征与寄托。李尚圭有一篇散文就叫做《等待的美学》，把“等待”上升到美学的高度，足以见得他对于等待有着自己的一套哲学认知。等待是一种慢生活的体验，但这种体验在现代社会却显得如此奢侈。现代都市快节奏的生活方式最大限度地压制着空间和时间，让处于夹缝中的现代人倍感焦虑，“不懂原谅，匆匆忙忙，焦躁不安”则成为心灵的常态。而在李尚圭看来，这无疑是对于自己本心与本性的背叛，因为“等待是人类的权利、义务，也是人类的幸福”，“在等待中成熟，在等待中萌发浓浓的爱情，在等待中创造人生之韵味”[1]，这种悠然自得的心态也应该是人类才能拥有的美好性情，唯有“充盈的时间”才能有“悠然自在的感觉”，疲惫的心灵也才能够得到抚慰，也只有“懂得原谅，懂得忍耐的等待才能给人类带来真正的生活。”[2]但不堪的现实却令作者失望：“为了谋求一己私利，不惜残忍地践踏、诬陷他人；为了个人之乐，令更多的人皱眉愤怒；只信奉自身，不懂得等待；将信义弃之如履，利己主义泛滥成灾。”[3]所谓“悠然自得”的状态如今在人类身上似乎难觅其踪迹，作者也只能靠欣赏白鹭来求得一丝心灵上的慰藉。李尚圭借白鹭之“酒杯”，浇胸中之块垒，有感于世风日下，人心不古的现实，他甚是希望现代人能像他们的祖先那样，从白鹭身上学会等待，学会默默行动与沉稳从容，“拥有懂得原谅，不入堕落之地的雅士气质，从而懂得沉默，懂得享受孤独。”[4]

[1] [韩] 李尚圭:《素井漫谈》，河北大学出版社 2014 年版，第 42 页。
[2] [韩] 李尚圭:《素井漫谈》，河北大学出版社 2014 年版，第 42 页。
[3] [韩] 李尚圭:《素井漫谈》，河北大学出版社 2014 年版，第 28 页。
[4] [韩] 李尚圭:《素井漫谈》，河北大学出版社 2014 年版，第 26 页。

第三节　以文达情

李尚圭的写作精心取象，善用比兴，使文章充满象征色彩，哲理与诗意并存；想象与联想的充分调动也让他的散文如诗歌一般空灵微妙，灵动自由；在他的散文中，更是不乏极富诗情的意境渲染，既有静态的自然景色作为背景，又不乏动态的人物、动物点缀其中，动静结合，声色俱备，呈现出一幅幅诗意盎然的图景。此外在语言方面，他按照写诗的要求来吟哦和推敲字句，使散文作品的文字呈现出一种清新、洗练又充满诗意的感觉。李尚圭用诗的文风和诗化的笔法，书写诗意的人生，构建起自成一派的诗化散文世界。

纯净的意象之中，寄托了李尚圭追求纯洁生活的渴望。如果将李尚圭的散文比作一幅风景画，那么这幅画的底色一定是淡雅的白色，有关白色的意象经常出现于他的笔端，作为他的一种理想与情感的寄托而存在。在他看来，“白色是纯粹的象征，是洁白的象征，富含韵味却不炫目，高尚却不孤傲。”[1]他热衷于雪景，因为置身于茫无边际的冰天雪地之中，一种与天地万物融为一体的感觉便油然而生，这种“物我两忘”的境界是身处都市所无法享受到的；他钟情于冬日的雪花——他“心中沉睡的花”，因为那是洁白无瑕的象征；甚至他在寺庙所遇见的虔诚拜佛的女子都是一袭白衣，宛若雪花一样神圣而纯洁。

无论是在动物叙事中还是在韩国教育的批判中，李尚圭始终关心的是人能否获得理想性的生活，而非被异化。李尚圭对于动物有着深厚的感情，其作品中描写动物的比例较高。动物在古代的寓言故事中占有重要的地位和比重，人们往往通过将动物拟人化、人格化来更加生动、形象地表达观点和思

[1]［韩］李尚圭:《素井漫谈》，河北大学出版社2014年版，第26页。

想，反映出古代寓言编写者极强的想象能力。李尚圭也深谙此道，他通过叙述视角的巧妙转换，以动物的视角来解释它们自身行为的动机，为它们赋予人类的情感和性格，使文章充满寓言的味道。李尚圭通过对动物的描写，既寄托了对理想人格的追求，也表现出对于底层民众的同情，在他动物叙事的背后蕴藏着深切的人文关怀与人道主义情怀；另外对于韩国的教育热潮，李尚圭也表现出了冷静的审视与思考。教育的终极目的是使人更好地生活，但现行的教育体制却很显然背离了教育的本意与初衷，造成了学生的异化、加重了家庭的负担、疏远了社会成员之间的关系；必须提及的是，身为企业家与社会活动家的李尚圭还对职业道德极为重视。

在动物叙事中，借助于动物的眼睛，人类可以从一个全新的视角审视自身的行为。在动物中，李尚圭对猫甚为喜爱，并为其倾尽了大量的笔墨，《妻子与黑虎》《贼猫与销赃人》《飞蛾出逃》均是他为猫而创作的作品。阅读这些文字不难发现一个现象，即他所收养的流浪猫并不安于被收留的现状，总是想要设法从家中逃走，“流浪猫出逃”也成为他散文中常见的情节模式。当然这一情节设计的灵感肯定来源于现实生活，但同样不可否认的是，作者在这里也加入了虚构与想象的元素。当他对猫的出逃行为百思不得其解时，便会把自己想象成猫，来尝试对出逃的行为做出阐释：“自己没犯罪，也没什么理由就被剥夺了自由。”[1]李尚圭站在流浪猫的立场上来反观人类的收养行为，便收获了一份不同于以往的全新认知：“出逃”在人类看来是背叛与不忠，但在动物那里却是对于自由的追求与向往。对于流浪猫出逃的行为，李尚圭的态度经历了从困惑、不解到同情、理解的转变，而对于人类自以为是的态度以及傲慢自大的作风给予了讽刺与批判。

故乡往往是很多作家关注与表达的焦点，在李尚圭这里也不例外：他不仅用了大量相关创作去表现，而且还将故乡之情以极为生动的笔触充分表达

[1] [韩] 李尚圭:《素井漫谈》，河北大学出版社 2014 年版，第 67 页。

出来。在众多景观中，故乡成为李尚圭一个绕不开的存在，这里承载了李尚圭童年太多美好的回忆，也是他成年后躲避城市喧嚣、寻求内心安宁的栖息之所。“故乡本是具体的概念，进入诗人的笔下，往往抒发的是思念故乡之情，把这种情感化为具象，构造一个意境，这就要靠诗人的艺术匠心。”[1]富有诗人气质的李尚圭在散文书写中，经常把返乡途中的所遇之人，所见之景诉诸笔端，并和自己的思乡之情融为一体，营造出极具诗意的境界。在《寻觅的故乡》中，回乡参加同学聚会的李尚圭在途中被沿途的景色所吸引，以至于周围的一切仿佛也有了灵性似的，与作者分享着这一喜悦的心情：“故乡的风，原本在草中沉睡，这会儿也舞动起绚丽的裙角，欢迎着我的到来，溪水也在毫无保留地尽情唱歌。”[2]在作者喜悦心境的观照下，故乡的“风”和“溪水”仿佛也都有了人的情感，用舞蹈和歌声欢迎着作者的归乡。文章寓情于景，以景言情，在呈现乡村牧歌风情的同时，也烘托出主人公即将回到熟悉家乡的愉悦心情。

当然，李尚圭关于故乡的表达也并非一厢情愿地赞美与留恋，他是敢于直面在工业化时代乡村生活所遭遇到的困境。所以从他的作品中我们可以看到，当李尚圭真的回到乡村，温馨、和谐的意境马上便随着现实乡村破败景象的呈现而消失，取而代之的却是冰冷的机械化设备以及外国人陌生的面孔。乡间的道路“在现代文明的利爪下铺上了水泥”，“路灯睁着像魔鬼一样的眼睛，嘲弄着我。”[3]诸如电灯、拖拉机等现代文明的产物作为意象，营造出了一种不同于农业文明的疏离感和陌生感，这让作者“感到脊背一阵阵发凉。”[4]可以说，李尚圭的诗性与意境在他的散文中表现得淋漓尽致，给人一种富有诗意的美感。

[1] 方铭：《中国现代文学经典评析现代诗歌》，合肥工业大学出版社 2015 年版，第 89 页。
[2] [韩] 李尚圭：《素井漫谈》，河北大学出版社 2014 年版，第 50 页。
[3] [韩] 李尚圭：《素井漫谈》，河北大学出版社 2014 年版，第 51 页。
[4] [韩] 李尚圭：《素井漫谈》，河北大学出版社 2014 年版，第 51-52 页。

李尚圭作为“异乡人”的四处奔波，对于在现代化进程中反思人地关系的努力具有重要的参考意义。李尚圭散文中所呈现出的旅行“景观”无疑也是充实与丰富的。作为一名文化交流与传播的使者，李尚圭经常奔波于不同的国家和城市，往返于城市与乡村，也正因如此，“旅行”成为他散文中较为独特的一种意象。如果再仔细划分的话，你会发现在他笔下旅行的种类不尽相同：有因工作关系而远赴国外的公事出差，也有闲暇之余造访名胜古迹、寄情山水之间的外出郊游。当然更多时候，他旅行的目的是暂时逃避苦闷的现实，远离都市的喧嚣与冷漠。这个时候，乡村仿佛就成为他那被现实折磨得疲惫不堪的心灵的栖息之地，而透过他的文字，我们分明又能强烈地感受到他对于这一类“返乡之旅”的格外看重。李尚圭对于自己域外旅行“遭遇”的书写也隐含了他对于国民性与现代性的相关思考与反思。这种思考与反思不仅对于作者本人，甚至对于整个韩国而言，都不失为一笔宝贵的财富。

李尚圭非常丰富的异域生活经验，是其提升认识格局的重要滋养。李尚圭身处国外，“韩国人”的身份就变得极为鲜明，这使得他既留心于外国人是如何评价韩国人形象，并对其中的不实之处表示出质疑，又自觉地对民族的劣根性与国民性进行反思与批判。正是在这个意义上，域外旅行的经历之于他的确是一次认知格局提升的过程。“旅行是一种空间的位移，是从一种空间向另一种空间的过渡，便构成一种眼界逐渐开阔的过程。”[1]异域访学的旅行经历带给李尚圭的绝不仅仅是简单的生活体验，文化视野的开阔与认知格局的提升才是旅行的最大收获。美国机场的遭遇为他反思国民性提供了难得的契机，当他亲自置身于美国城市之中，近距离地感受着世界发达城市的呼吸与脉搏的时候，也始终没有陷入狭隘民族主义的陷阱中，而是保持了人格的独立和完整，以一种平等的姿态去正视美国文化与文明，这无疑是难能

[1] 周宪：《旅行者的眼光与现代性体验——从近代游记文学看现代性体验的形成》，《社会科学战线》2000 年第 6 期。

可贵的。

李尚圭看到了乡村境域的复杂性，并且将其非常深刻地传达了出来。初到延边和龙市的李尚圭对于当地的整体印象是贫穷和缺乏活力，“就连路过的市民，脚步也显得没有生机。”[1]但当他真正融入这个群体之后，却发现乡村物质贫穷的背后蕴藏着巨大的能量和无穷的智慧，与之相比，身为知识分子的作者反而成了被启蒙的对象。在与长白县龙岗乡二道岗村寄宿制小学的学生们的交往中，他们淳朴开朗、天真无邪的性格感染着作者，使他心里涌起一种无法言说的感觉。而这些在恶劣环境中成长的学生们，在李尚圭看来，无疑是伟大的朝鲜族精神的完美诠释者。作者曾对自己的家乡因现代文明的入侵而丧失了原初的淳朴感到扼腕叹息。也许正因为如此，二道岗村这种因为贫穷而尚未被开发的村庄才显得弥足珍贵。纯粹的山水养育了质朴、纯真的山民，恶劣的生存环境造就了他们坚韧不拔的气质和不畏苦难的勇气，而这些恰恰是那些在城市里过着养尊处优的生活的人们所严重缺乏的。从这个意义上来说，也许作者那种无法言说的感觉里所包含的，除了有对孩子们的同情，又何尝没有对城里人失去淳朴内心的惋惜呢？而当李尚圭激励村民们面对恶劣的生存环境“不要绝望”、“因为还有明天”时，却遭受到了村民们善意的“嘲笑”，他们不无幽默地回应道：“哪来的绝望？”“有了希望才有绝望嘛。”[2]如此绝妙的呐喊让作者哑口无言，作为知识分子的他一时间语讷，不知如何应答。知识分子话语在与民间话语的碰撞中完全“败下阵来”。知识分子认知体系中那些所谓的“希望”“梦想”“绝望”“放弃”之于村民来说仿佛一切都失去了效力，没有任何意义可言，因为对于村民们来说，生存才是第一要务。怎样填饱肚子，才是比探讨希望更为关键的事情。如果说初到二道岗村的李尚圭对于村庄“贫穷”的印象尚且停留在感官层面，那么在与村民进行深入交流，尤其是听到村民那一番颇具哲理的回应之

---

[1]［韩］李尚圭：《素井漫谈》，河北大学出版社 2014 年版，第 144 页。

[2]［韩］李尚圭：《素井漫谈》，河北大学出版社 2014 年版，第 159 页。

后，他对于“贫穷”的反思才算真正触及本质。原来真正的“贫穷”是没有资格去讨论理想和明天的，是没有权利去心怀希望和绝望的。

李尚圭关于生命自身的体验，别具禅意。在他看来，虽然人生无常，终归寂灭，但尽心尽力地生存依旧可以精彩可以神圣。他写冬日造访五台山和寂灭宫的经历富有意境，引人浮想联翩。李尚圭将这一经历写入散文《五台山寂灭宫》中。他认为不同季节的旅行有着不一样的体悟，相对于春天山路的百花绽放，夏天的绿荫成行，秋天的红枫绚烂，在寒冬攀爬荒凉的苍山似乎别有一番滋味在心头:“战胜狂风，站在山峰之巅时的感觉就像拥有了全世界，令人感慨万千。廉价的成功怎能同浸满汗水的人生相提并论。冬日的山峰苍凉无情，而冬日的山路却像生活中传来的捷报，同时诠释着苦尽甘来这一成语。”[1]在这段旅程中，类似关于人生的体悟不时地涌现出来，与冬日山间的雪景交相辉映，别有一番意境。“明知终归要下山仍要攀登，这就是人生，我们的生存之路”[2]，这是李尚圭对人生要义的领悟。而寂灭宫里在佛像前虔诚跪拜许久的白衣女子，在作者眼里也仿佛神圣起来，“像雪花一样洁白无瑕”。这又何尝不是作者对于理想人格与高尚境界的一种追求与向往呢?

李尚圭看到了人类社会发展变化的复杂性，我们在得到某些东西的同时也会失去某些东西。实际上他对于现代文明、商业文明并不抵触，他所反感的是社会上逐渐泛滥起来的“物质万能主义”或“金钱万能”论，而在这种思潮的冲击下，祖祖辈辈代代流传的温情悄然褪色。作者为这篇散文冠以《情》这样的题目，就是想要传递这样一个信息，即在这世态炎凉的社会，对于那些规划明天的现代人而言，传统文明中的人情味是多么珍贵。作者甚至将奶奶家的小屋比作“幸福的摇篮”，其中蕴含着的象征意味再明显不过——这里才是人类精神的原点与起点，是未经现代文明洗礼过的带有鲜活

[1] [韩] 李尚圭:《素井漫谈》，河北大学出版社 2014 年版，第 18 页。

[2] [韩] 李尚圭:《素井漫谈》，河北大学出版社 2014 年版，第 19 页。

生命力的原初状态。李尚圭在对现代商业道德提出批判的同时，也肯定了古老经营方式中的职业道德，并对传统的人性美和人情美表达出深沉的留念，甚至对之发出动情的呼唤。

社会变迁总会带来意想不到的变化，得到与失去并在，希望与痛苦同存。近几十年来，韩国社会发生巨大变化，告别了传统农业社会，开启了现代文明的新生活，原有的物质和精神空间急剧消失，变得仿佛遥远和陌生，这就塑造了李尚圭作品风格的变化。李尚圭用文字记录下这一历程，用诗和散文表达自己的情感，传达自己的思想，进而对社会进行深刻的反省，体现了一代韩国人对社会变迁的认知过程。李尚圭的体验与反思，对于我们今天如何理解面对现代化建设与美好生活诉求之间的张力，非常值得反复品味。

第三章　家国观念品评

每个民族都有其独特的文化特征和精神特质，这些延续发展成为民族文化传统。东亚地区在儒家思想的影响下，呈现出别样的文化光芒。每逢社会变革之际，人们不免反思传统文化，追求新的生活，必对传统文化进行一番深刻的检讨和反省。儒家文化在经济发展和社会变迁过程中的作用问题，不仅是中国传统文化研究中的一个核心问题，也是贯穿韩国思想界的问题之一。我们看到儒家伦理对经济社会发展的重要作用，从一定意义上说，它是促成 20 世纪七八十年代东亚社会经济迅猛发展的关键因素。社会经济发展势必与社会文化传统存在不可忽视的联系，一种新的经济形态的形成和经济制度的变动，不仅有着经济本身的历史动因，也必然存在着文化上的历史动因，而这种文化动因也只能去某种传统文化形态中找寻，这种文化就是传统儒家思想。儒家主张伦理治国，社会是伦理性存在，很多社会问题都与伦理道德有着千丝万缕的联系，且这些问题的解决也都有赖于人伦道德关系的协调。儒家把实现人伦和谐视为经济社会发展的崇高价值目标，这种伦理观念对社会经济的实际发展产生了深远的影响，亦对李尚圭这一代传统文化人士有着较大影响。特别是受传统儒家观念影响，李尚圭深植“天下兴亡，匹夫有责”的家国理念和“博学有文”“行已有耻”的立身准则，重视家庭和睦，重视社会角色担当，在现实生活中，勇担与自己身份或角色相应的责任。

第一节　以家为基

家庭是人类社会的基本细胞。家庭是一种以婚姻关系为基础建立在血缘和姻缘关系之上的社会生活组织形式。家庭构成了社会，同时也不可能游离于社会而独立存在，它的存在与变迁是与社会密切相连的。家庭的变迁既受到了经济基础、社会政治条件的制约，同时也受到了民族国家文化心理以及价值观念的影响，是多种根源共同作用的结果。可以看到，韩国人的家庭观念仍保留着传统儒家思想的诸多痕迹。

一、家庭组织的经济功能 >>>

人，力不若牛，走不若马，而牛马为用，何也？曰：人能群，彼不能群也。“群”是人类的本性，先祖狩猎足迹印证了人类组织的雏形，由此衍生出来部落、家庭等自然血缘和地缘组织，发展成为今天社会高度的组织化生存。可以毫不夸张地说，地球上人类所创造的一切都是组织的恩惠。组织才是人类发展的最初结构，当然也是后来商业企业发展的源头。组织与人类同时存在，人从猿类分出来，生产能力低下，征服自然、改造自然能力较弱，只能以血缘为纽带结成群体，因此诞生了人类最早的社会组织形式：原始群落。从原始群落转入原始社会，标志着从猿到人的过渡时期的结束，这一阶段产生了原始社会第一个真正的社会组织——血缘家族。原始群时代从猿到人的过渡，只是揭开了人类历史的序幕，而血缘家族公社的出现，才标志着人类社会历史的真正开始。

母系氏族公社是在血缘家族进一步发展、逐步形成氏族的基础上产生的，它以母亲的血统关系结成了原始社会的基本单位，而在母系氏族公社生产力发展的基础上产生的父系氏族公社，则是以父亲血缘关系为中心构成的原始社会晚期的基本单位。伴随着父系氏族制的产生，使婚姻形态也由对偶婚向一夫一妻的专偶婚制过渡，至此，以血缘为纽带的氏族公社瓦解，代之以地缘为纽带的农村公社形成，以小家庭为单位的私有制产生，家庭最终演绎成了社会经济的基本组织单位。家庭经济组织的出现，对组织的变革具有历史的划时代意义。家庭组织至今仍创造着一个个经济奇迹，如在儒家文化圈里的家庭企业组织，李尚圭的企业正是在家庭组织架构下逐步成长壮大的。

家庭的本质属性在于它的社会性。家庭是由社会经济关系所决定，并在一定经济关系的基础上由婚姻关系、血缘关系或收养关系而形成的亲属间的社会生产组织形式。家庭经济组织的魅力就在于家族制产权制度在某种程度上适应了企业初期发展的需要。历史上文明家庭的出现，是为了保存和继承私有财产而产生的，是为了满足父亲让亲生子女继承遗产的需要而产生的。家庭产权传承的经济属性，对于生产力的促进作用极大，它使人们有足够的动力去创造和积累财富，正是家庭经济组织所形成的一系列音符和其他组织音符的结合，才谱写出了一曲动人的财富创造交响曲。

在传统的农业社会里，从事经济活动需要大量的劳动力，整个家庭的责任就是捍卫祖先辛勤劳作的土地。这种小农自然经济的地域性和群体之间的稳定性使人们固守世代祖先遗留下来的土地，也使氏族时代的父系单系制被长期地保存下来，形成了血亲发达的家族血统和坚实的血亲纽带，使得血亲关系处于不可动摇的稳定地位。建立在经济关系基础上的血亲关系支配着家庭成员关系也主宰着人们婚姻的命运，男女的结合也是一种在经济条件基础上，以家庭利益为转移的利害权衡的婚姻形式。另外，在自给自足的自然经济条件下，物质资料和人自身的生产也都是在家庭中实现，生产功能在家庭中占有了突出的地位，对于其成员的教育也大都在家庭中完成。

李尚圭认为，有效率的经济组织是经济增长的重要因素，家庭作为基本的单元，具有较高的经济效率，家庭集所有者、经营者和劳动者三者于一体，经营控制权与剩余索取权高度一致集中，委托代理关系内置，无须进行专门的激励约束机制设计，这种治理机构和激励机制，极大程度地克服了组织内部的无效率，确保家庭成为经济高效率组织。韩国很多家庭经营企业能够突破无效率，进而蓬勃发展，充分彰显了家庭经营所具有的强大生命力。

二、现代家庭伦理转型 >>>

传统家庭是建立在父权的基础上，在传统家庭的夫妻关系中，夫权至高无上，妻子的权利被剥夺，地位卑下，成为丈夫的附庸。于是乎，就形成了以父亲家长为权利至高的代际、长幼、男女、尊卑不可逾越的等级观念和意识，这样一种底蕴深厚的伦理观念在儒家思想中根深蒂固，塑造着具有东亚特色的文化心理。随着工业经济和科学技术的飞速发展，经济结构的变动，新的生产方式开始形成，传统的农耕文明被一步步推向了现代的工业文明，传统的婚姻家庭制度和家庭观念受到了包括商业在内的现代化浪潮的冲击，面临着严峻的挑战。人们的商业往来逐渐频繁，他们开始远离家族的羁绊，开始从事家族以外的社会群体的联系，大量的人口流动使以家族为核心的血亲纽带日益松动，地缘关系迅速扩展。人们的血统观念和家族意识日趋淡薄，婚姻关系也随着社会的转型在家庭的变革中上升到主要的地位。在家庭结构的变迁中，作为家庭伦理关系重心的血亲关系在家庭中的地位也逐渐地被婚姻关系所取代，以“孝”为核心的家庭伦常也开始失去了它维系家庭稳定的首要地位，而夫妻之间深厚的情感因素则开始承担起了维持家庭和睦美满的重任，建立在夫妻双方理解信任基础上的真诚的“爱”成为现代家庭的伦理中心，成为连接婚姻关系割不断的纽带。

在工业社会里由于生产力水平相对发达，社会化的机器大生产不断发展，生产功能在家庭中的作用逐渐弱化，并从家庭中游离出来，家庭生产回归了社会；家庭的消费功能也在人们不断提高的物质生活水平中得以强化，家庭在消费的结构、方式以及观念等方面也就随之发生了相关变化。家庭对于其子女的教育功能则随着现代工业经济对劳动者科学文化素质的要求而不断地弱化，并逐渐外化到了学校和社会。鉴于经济的高速发展对于人全面素质要求的不断提高，家庭对于其成员社会化的功能也在不断地强化。家庭的结构、功能以及家庭成员观念的转变，就在社会经济发展的推动和制约作用下发生了主次的转变、重心的位移和内容的丰富。另外，在家庭中的夫妻、亲子及其他家庭成员的平等地位已经逐渐被人们所承认和接受。李尚圭认为，社会的发展增加了个人选择的可能性，增加了家庭观念的开放性，人们对家庭模式建立的设想不再固守成规，也不会再屈从群体意识的强制作用。他们可能会基于自己的不同处境和个人条件，选择形式各异的家庭模式和相对自主的生活道路，但无论在哪一种模式中，高水平的婚姻质量都将是人们建立家庭时所关注的焦点，从一而终的婚姻也依旧是人们所崇尚的理想婚姻，和乐美满的高质量家庭才是家庭成员社会成功的关键因素。

总而言之，家庭是一个不断发展完善、不断超越和突破自身的动态系统，它既是对历史的超越，更包含对未来的憧憬。随着社会的发展，家庭社会化程度的大大加深，家庭的功能不会因此而削弱，反而会不断强化，以适应其在社会中举足轻重的细胞作用。伴随着信息化时代加剧及新价值观念的挑战，在多种因素相互影响和制约之下，家庭必定能够形成更合理的结构和形态，彰显其更为强大的生命力和适应力。

第二节　礼序和谐

传统儒家文化在东亚影响深远，在历史的渲染中亦历久弥新，其“内圣外王”之道蕴藏着丰富的治国理政经验，贯穿着儒家思想的文明与智慧。儒家伦理中的“礼”作为人类社会的基本秩序和规范，渗透到社会领域的各个方面，成为构建社会秩序的理论依据。当今韩国虽是资本主义社会，但仍注重对礼俗的尊重。李尚圭重视儒家传统文化的传承，将仁义作为自身基本原则，并落实到日常人伦生活中，并希望人们都有仁义道德修养，都能自觉恪守各种社会规范。他认为，用传统文化教育子女，就能和顺吉祥；用传统文化中的伦理规范来对待别人，就能做到博爱公正；用儒家思想来修养内心，就能平和宁静。基于此，社会礼序得以成形。他还强调要汲取儒家伦理思想的智慧精华，知往鉴今不断推进社会前进，这既是对儒家优秀文化的传承与创新，也是塑造当代韩国民众精神气质的必然要求，对现代社会秩序的发展意蕴深远。

一、礼的起源及礼序发展 >>>

上古时期，处于原始社会的人们就在险恶的生存环境和多变的生活环境中形成了极具“原始思维”的礼的雏形，如对自然现象和神秘力量的解释中渗透着对某种秩序和规律的敬畏。而表示现代意义上的礼起源于祭祀，起于对“超自然”的一种精神膜拜，祭祀中有严密的程序和仪式，于是就产生了礼的最初规范，亦可称为礼制或礼仪。这种规范一般意义上需要严格遵守，因为它凝聚了同一氏族或地域的人们的信仰，是一种与天命相通的礼制教化。当时的人们对礼的态度趋向于完全的信奉，认为其关系到上天和祖先的喜怒，关系到是否能得到神灵的庇护，关系到生者的幸福和氏族的兴衰。商代的甲骨卜辞中可以印证人类伊始对天的敬畏与遵从，以祭祀为中心内容的礼在甲骨文文献中有充分的反映。《礼记·表记》所言“殷人尊神，率民以事鬼，先鬼而后礼”，由此可知，夏商王朝的建立更多地启蒙于天命神道，其礼制中精神文化的内涵及其意义也都被神灵笼罩。

周朝建立初期，各种祭祀大体上还是继承着殷商的传统，如《礼记·曲礼下》中说：“天子祭天地、祭四方、祭五祀，岁遍”，“此盖殷时制也”，周朝仪式大体承袭殷商，对“天”的尊崇依然与殷商相似。基于社会治理的现实需要，真正成熟的礼制应运而生，于西周成王、周公时代逐渐形成。周公创立的周礼是维护西周社会等级秩序与政治格局的规范。以“亲亲”和“尊尊”为原则设立一套以血缘关系为核心的宗法封建等级制度，并将划定血缘亲疏远近次第的“家”和确定身份等级上下的“国”重叠起来，用于稳定社会秩序。正如“礼，经国家、定社稷、序民人、利后嗣者也”（《左传·隐公十一年》）。先人以礼作为贯穿家与国治理的规范，依礼定社稷、稳社会、固家庭。礼制思想从国家延伸至个人，认为只要人人都遵守礼仪规范，社会便恢复和谐秩序。例如，“君令、臣共、父慈、子孝、兄爱、弟敬、夫和、妻柔、姑慈、妇听，礼也”（《左传·昭公二十六年》）。礼作为处理人与人关系的一种方式，更深层次地揭示了礼存在的必然性及普遍性。同时，“亲亲、尊尊、长长，男女之有别，人道之大者也”（《礼记·丧服小记》），把这些原则放大到国家，就是“王道之大者也”。《礼记·大传》记载，可以“立权度量，考文章，改正朔，易服色，殊徽号，异器械，别衣服”，而“亲亲也，尊尊也，长长也，男女有别”是不可以改变的，所谓不能变革的是构成了中国宗法社会的基本伦理观念、组织结构和行为准则。其根源就在于依靠血缘形成的宗法制，这种从宇宙天地领悟到的人间秩序，在仪式中被固定下来，宇宙的秩序与人类的情性在这些仪式上出现了叠合，在人们的心目中形成了一种意识，即这种不能变革的仪式就象征了一种社会秩序或宇宙秩序，夏、商、周三代的仪式就这样一代代地传承下来。

春秋战国时代，礼崩乐坏，瓦釜雷鸣。儒家思想代表人物——孔子一生祖述尧舜、宪章文武，就是要追溯周礼，恢复社会的正常秩序，所以他提出“礼”的概念。最初的礼是向祖先供奉的一个物品，后来发展成人际交往的物品，最后演变为一种人们共同的意识形态，通俗地讲就是人们之间的礼貌、礼节。孔子及其弟子们非常注重“礼”对当时社会秩序的意义，特别是礼仪所表现的思想和观念。孔子说：“非礼勿视，非礼勿听，非礼勿言，非礼勿动”（《论语·颜渊》），目的就是培养一种遵循仪节的自觉习惯：“君君、臣臣、父父、子子”，为的则是形成整个社会井然有序的差序结构。[1] 当社会

[1] 吴海文等：《先秦儒家“礼”的伦理思想及其现代意义》，《舟山学刊》2005 年第 4 期。

每个阶层的人都按照这种礼仪来规范自己的行为和举止，于是就有了秩序，某种意义上说这种秩序建立有点类似古希腊四主德形成的城邦良序。孔子不仅注重教学传播引导大众以礼修身，而且以身作则地教导学生。如夏天在室内穿单衣，出门则一定要套上外衣；加工食物要讲究，越精细越好等。这些外在形式看似较为刻板，实则不然，孔子更看重行“礼”时内心的真诚，只有心中有“礼”才会事事讲“礼”，外在的表象是内心虔诚遵守礼的结果。同时孔子打破“礼不下庶人”的局限，主张对所有人都要“齐之以礼”，强调“仁”是礼的核心。在孔子看来，如果不能心怀仁爱，以“亲亲”为出发点，将爱亲范围延展出去，即泛爱众，就违背了仁，也就无从谈礼了。所以从某种意义上讲，在现实层面，儒家思想中礼的主要作用就是为了稳定社会，为社会提供行为规范；在理想层面，礼象征着一种人们向往的良好秩序。

二、礼在儒家思想中的地位 >>>

春秋战国时期，百家争鸣，各个流派的思想家都在竭力宣扬自己的思想，努力扩大其社会影响，抑或寻求一种判断事物是非曲直的公认标准。儒家也不例外。仁与礼的统一便是孔子为当时社会提供的伦理模式。如果说仁是礼的心理基础，那么礼就是仁的外在表现和行为节度。“克己复礼为仁。一曰克己复礼，天下归仁焉。”仁的本意是修身、修己，就是反省自身。人只有反省自身，才能自觉去做爱人之事，正如“求‘仁’之君子，要反躬自省，仁就潜藏于自身之内，仁有不息的向上扩充性，能够扩充的高度和深度取决于君子道德生命成长的高度和深度。”[1]孔子有言“仁者人也，亲亲为大”，要求仁者具有爱人之仁心，注重人伦修养。孔子以仁为核心，对西周礼仪加以改造，把仁与礼紧密结合、融为一体，将礼作为人们做人治世的最高准则，要求民众“非礼勿视，非礼勿听，非礼勿言，非礼勿动”以安身立

[1] 张广生:《由仁即礼：孔子之道与中国“轴心时代突破”的特质》,《中国人民大学学报》2021 年第 3 期。

命；对统治者则倡导“礼治”，“道之以德，齐之以礼”以平治天下。在君臣上下名存实亡的春秋时期，孔子极力宣传他的“正名”思想，“名不正，则言不顺；言不顺，则事不成；事不成，则礼乐不兴；礼乐不兴，则刑罚不中；刑罚不中，则民无所措手足”（《论语·子路》）。在孔子心里，名是一切礼乐、刑罚等民生问题的源头所在，若名不正，则一切问题将无法顺利进行，从而导致民众社会的混乱局面。所以孔子强调每个人的言行要符合自己在人伦关系中的身份，不能君不君、臣不臣、父不父、子不子。而“正名”的实质是要以周礼为尺度，正名分、定秩序，只有大家按社会身份和职责行事，社会才能从“礼崩乐坏”的无序乱世变为有序治世状态。从某种意义上说，儒家的“德治”实质是“礼治”，“仁学”实质也是“礼学”。

作为儒家学说中与“仁”同等重要的“礼”是一个社会历史范畴，它是社会生活不可或缺的调节器，在儒家思想中有着重要的意义。孔子讲授的儒家六经学说，处处蕴含着礼的思想，如皮锡瑞在《经学通论·三礼通论》中说:“六经之文，皆有礼在其中。六经之义，亦以礼为尤重。”[1]礼的重要性不仅表现为内在的核心地位，还兼顾行为主体的外在表现。如果说“敬于德”是行为主体在处理人际关系中的一种道德精神状况和态度，那么礼让则是基于这种道德精神状况和态度而表现出来的行为方式。如果没有可以约束和体现人们具体行为的礼仪，那么任何社会秩序的建立都将是空谈。“道德仁义，非礼不成；教训正俗，非礼不备”（《礼记·曲礼上》）。在此意义上，可以说礼仪是儒家伦理道德和社会秩序建立的操作原则。因而，它不仅制约着人们的行为举止，而且充当着一切道德原则和社会秩序的度。“敬而不中礼，谓之野；恭而不中礼，谓之给；勇而不中礼，谓之逆”（《礼记·仲尼燕居》）。人们一切行为都符合礼的规范，就维护了社会的正常秩序，形成良好的人际关系，也就达到了孔子所希望的一种有条不紊、上下有序、协调和睦的社会关系。

[1] 皮锡瑞:《经学通论·三礼通论》，中华书局 1982 年版，第 81 页。

三、礼与现代社会秩序的构建 >>>

文以载道，礼以化人。礼是人文素养的精髓，也是大国担当的精神内核。李尚圭认为，要用儒家的“礼”锻造韩国社会独特的精神气质，将传统文化与社会发展有机统一起来，运用传统文化理论成果更好地推动社会进步，形成在继承中发展、在发展中继承的良性互动。

（一）礼对个体和家庭的塑造

“修身、齐家、治国、平天下”是儒家“内圣外王”思想的核心内容，其中行为个体的修身是关键，“自天子以至庶人，皆以修身为本。”孟子亦云：“人有恒言，皆曰‘天下国家’。天下之本在国，国之本在家，家之本在身”（《孟子·离娄上》），以礼修身，然后才能齐家、治国、平天下。因此儒家提倡诚意修身，维护人伦道德，实现和谐相处，从行为个体的角度进行礼的塑造并重视家风家教的培养。《礼记·大学》中谈到：“所谓治国必先齐其家者，其家不可教而能教人者，无之。”家庭不只是人们身体的住处，更是人们心灵的归宿。家风是社会风气的重要组成部分。好的家风引领人向上向善，指导人们行为从个体性向群体性、从随意性向目的性发展，不良家风则会导致社会风气败坏。孔子教导自己的儿子孔鲤时说“不学礼，无以立”，强调礼对于个人而言是不可或缺的一部分，又说“不知礼，无以立也”，指出学礼知礼是人立足于社会的重要前提。儒家就是要通过以礼修身、反省吾身来达到“个人—家庭—社会”三者的和谐，其中保持和谐宁静的中和心态较为重要，而这种心性的培育主要是源自家庭。“中也者，天下之大本也；和也者，天下之达道也”（《中庸》）。有了这种中和的心态，人才会在当下这个物欲横流的社会保持真我，做到在任何时候都以礼待人、以礼行事。正如“儒家伦理的价值在于，其所提出的抽象的伦理原则，都是基于情感的对家、民族、国家、天下这些伦理实体的思考，家国情怀、仁民爱物、民胞物与、万物一体之仁等，追求的是人的情感的不断扩展与延伸。”[1] 总之，和谐是儒家要达到的目标，中庸是采用的方法。有了中庸的方法，注重个人心性的培育并辅以良性的家庭教育，就可以实现人的健康发展，也为社会和谐发展提供条件。

（二）礼对社会群体的调节

对规范的尊崇是儒家伦理典型特征之一，礼象征一种公平、公正的社会秩序。在不断变化的环境下，道德规范就是礼在社会现实中的具体表现。道德是依据社会舆情、内心道德信仰、传统思想调整人与人、人与社会等相互关系的规范和原则。任何社会行为都会涉及道德意识，道德调节个人与他人、经济与政治、文化与教育等众多社会生活领域。儒家伦理重视人与人之间的关系，强调在与他人发生利益冲突时，应该主动地谦让、礼让。2014 年 7 月 4 日，中国国家主席习近平在韩国国立首尔大学发表题为《共创中韩合作未来 同襄亚洲振兴繁荣》的重要演讲中，用韩语向师生问好，引用《礼记 · 大学》“国不以利为利，以义为利也”，倡导国与国之间应树立和谐发展理念，在处理国际事务中践行正确义利观，以义为利，由逐利转向循礼。同时，儒家思想强调自我素养的提升，对他人的理解、尊重、宽容、仁爱，全在礼让中表现出来。可见，礼让待人，不仅是人际交往中的文明行为，更是缓解人际关系紧张，实现人与人之间和睦相处的途径。

当下社会主义市场经济繁荣发展，道德建设也亟待加强。市场经济就是信用经济。市场经济的健康发展除须依靠经济、法律手段，还须运用道德力量来维系。信用缺失、道德败坏，必然导致经济混乱。我们尤须弘扬崇礼尊德的儒家思想，强化经济行为中的道德意识，注重公平公正社会秩序的建立，以促进社会主义市场经济健康有序运行。

---

[1] 徐嘉:《儒家伦理的“情理”逻辑》,《哲学动态》2021 年第 7 期。

（三）礼对工作秩序的构建

在企业管理中，和谐是企业伦理所追求的终极目标，是一种伦理评判尺度和道德价值目标。企业发展的前提是人的成长性，人是企业中最活跃、最积极的因素，是企业生产的终极实践者。豫商群体也不是简单地将财富的增长和企业的壮大视为商业的终极目标，而是更加注重人与人、人与社会、人与自然之间关系的和谐。将人力资本视为第一资源，并努力营造企业与利益相关者的和谐关系，这是当代豫商伦理精神的重要部分。

因此，在企业发展过程中，李尚圭认为要用传统的礼序来规范约束企业运营和社会发展。企业要对员工、消费者负责，为社会提供优质的产品、便捷的服务和安全的消费环境，这样才能营造和谐的发展环境，才能在市场竞争中立于不败之地。美国管理哲学代表人物芙丽特曾说过："对一个企业而言，一个永远值得注意的问题，就是必然团结统一。对于企业管理、企业组织公正的考验就是你是否有这样一个企业：它的所有部门都非常协调，密切地共同行动并调整彼此的行为。它们的联系是如此之紧密，彼此相连，彼此作用，彼此联系，以至于它们组成了一个工作单位，而不是各自独立的碎片的集合体。"[1]企业内部各个要素之间的和谐是提高企业生产效率，提升企业凝聚力、向心力的必要环节。此外，没有企业内外的和谐关系，企业各个要素之间不可能形成合力，特别是在市场经济和全球化的大背景下，各种新媒体、新技术、新环境均要求企业在竞争中树立和谐共生的理念，企业与个人之间、企业与企业之间、企业与社会之间应该在寻求共同利益的基础上学会共享资源、互利双赢，构建礼序社会。

（四）礼与和谐社会的构建

"和"是儒家的根本目标之一，"礼"所追求的正是一种和谐秩序，它包

[1]［英］葆琳·格雷汉姆:《玛丽帕克·芙丽特——管理学的先知》，经济日报出版社1998年版，第181页。

括社会和谐、家庭和睦、群己和谐等。儒家思想中对礼的推崇包括治国安邦的国家秩序和礼仪忠孝的家庭秩序，其根本目的就是对终极和谐的追求。马克斯·韦伯曾把儒教看作是一种秩序的理性主义，他认为儒教所要求的是对世俗及其秩序与习俗的适应，归根结底，它只不过是为受过教育的世人确立政治准则与社会礼仪的一部大法典。[1]正是由于儒家对和谐秩序的提倡，才使得儒家的终极目的就是实现社会的和谐。儒家认为社会和谐、正常秩序需要得以维持，而社会秩序的核心是“礼”。“礼”的运用，应以“和”为目的，《论语·学而》有“礼之用，和为贵”，《中庸》甚至把“和”看作“天下之达道”。“万物并育而不相害，道并行而不相悖”，意为万物同时生长而不相妨害，遵循各自的规律而不相违背。李尚圭认为，正如当下世界全球化发展一样，应尊重主权平等，尊重文化多样性，促进世界和谐进步。因此，新时代中国特色社会主义发展之路要汲取中华优秀传统文化中的有益成分，特别是尊崇礼制和礼序，彰显儒家崇尚和谐的社会秩序观。李尚圭指出应律己修身，勇担重担，诚然，礼的制度和形式会不断地变化，涌现出新规范，但礼的精神是永恒的，就是促进社会和谐秩序的形成。

第三节　共同命运

著名学者葛兆光指出，在很长的时期里，东方诸国尤其是朝鲜人、日本人和中国人确实曾经共享过一个来自汉、唐甚至宋的历史、传统与文化，真的可以成为一个“文化共同体”。[2]东亚地区经历了近代以来的战乱纷争，在第二次世界大战后，特别是20世纪60—70年代，韩国抓住有利的国际政

[1] 邵方:《儒家思想与礼制——兼议中国古代传统法律思想的礼法结合》,《中国法学》2004年第6期。

[2] 葛兆光:《想象异域——读李朝朝鲜汉文燕行文献札记》，中华书局2014年版，第25页。

治经济机遇，确立了国家主导的出口导向型的发展战略，实现了经济高速发展，迅速崛起为新兴工业国家，创造出“汉江奇迹”，用30余年时间创造了世界上最短时间实现工业现代化的道路。[1]通过亲历韩国经济腾飞的历程，李尚圭始终认为，人是社会中的个体，人离开社会不能生存，每个人的物质生活和精神生活都不能脱离职业关系，脱离各行各业互相服务的关系。基于此，他认为全球化发展是一种大趋势，人类社会应该学会尊重历史发展的规律，尊重群体的共同发展愿望。

全球化是当今世界最主要特征之一。全球化是由于世界以交通信息等科技发展所导致的全球各国家、各民族在政治、经济、文化、生态环境等方面相互融合渗透的过程和状态，从而导致了世界各国相互依存得日益紧密。全球化是不同区域的人类和人类经济等各方面生活联系和相互渗透不断加强的一种状态和过程。但是，全球化到目前还是一个缺乏明确界定的概念。自由主义经济学家、社会学家、西方政治学家、理想主义者和现实主义者基于不同的视角及价值观对全球化及全球化的结果给出了内涵具有很大差异的阐述和不同的评价。虽然这些不同学者所给出的全球化的概念具有不小的差异，但是，这些概念都承认，全球化就是人类克服时空障碍的能力的加强和全球相互联系、相互依存程度的扩大和加深。[2]从某种角度讲，人们所谈论的全球化，往往主要是指经济的全球化，国际货币基金组织专家给全球化下的定义就是，全球化是指跨国商品与服务及国际资本流动规模和形式的增加，以及技术的广泛迅速传播使世界各国经济的相互依赖性增强。[3]但是“全球化的形象不仅发生在经济领域，而且在政治、军事、文化等多个领域都有所体

[1] 张宗华:《植根于传统文化之上的现代东亚民族精神》,《西北民族学院学报》(哲学社会科学版)2002年第4期。

[2] 孙关宏、胡雨春:《政治学》，复旦大学出版社2004年版，第296页。

[3] 参见国际货币基金组织:《世界经济展望(1997)》，中国金融出版社1997年版，第45页。

现，只是在这些领域中全球化的程度低于经济领域”。[1] 如果加以分析观察，生态环境问题、犯罪、贩毒、移民、疾病、恐怖主义、民族分裂主义、极端宗教主义等也已经全球化。总之，以经济全球化为核心的全球化就是世界上不同的人们在经济、政治、文化、生态环境等方面因素相互渗透、相互影响、相互依赖的不断增强所形成的一种状态及其过程。全球化的结果最终造成了“你中有我，我中有你”的状态[2]与“各国相互依存、休戚与共”的国家关系和国际社会状态[3]。

全球化的动力来源于人类生活交通信息技术的进步和人类社会的变革。经济全球化并不是今天才有的现象，而是一个长时间演进的过程和结果，美国学者伊曼纽尔·沃勒斯坦认为，经济全球化始于 15 世纪末 16 世纪初。[4] 1992 年 10 月 24 日，联合国秘书长加利在联合国日致辞时就说：“第一个真正的全球化时代已经到来。”[5] 以经济全球化为主的全球化的主要动力在于以信息交通等技术的发展和人类社会的变革。正是交通信息技术在近代的迅速发展，使“世界正在变小，‘五月花’号横渡大西洋用了 3 个月时间。1924 年，查尔斯·林德伯格驾机飞越大西洋花了 33 个小时。50 年之后，协和飞机飞越大西洋需要 3 个小时。弹道导弹穿越大西洋只需要 30 分钟。在 21 世纪初，跨越大西洋的航班飞行费用只及 1950 年的三分之一，从纽约打电话到伦敦的费用只是 20 世纪中叶的很小的一部分。全球互联网通讯几乎是在瞬间进行的，而且其费用微乎其微。”[6] 这些发展都导致了早期的西方殖

---

[1] 阎学通、阎梁:《国际关系分析》，北京大学出版社 2008 年版，第 267 页。

[2] 国务院新闻办公室:《中国的和平发展白皮书》,《人民日报》2011 年 9 月 7 日。

[3] 习近平:《携手构建合作共赢新伙伴 同心打造人类命运共同体——在第七十届联合国大会一般性辩论时的讲话》,《人民日报》2015 年 9 月 29 日。

[4] [美] 伊曼纽尔·沃勒斯坦:《现代世界体系(第一卷)》，高等教育出版社 1998 年版，第 12 页。

[5] 刘德斌:《国际关系史》，高等教育出版社 2008 年版，第 517 页。

[6] [美] 小约瑟夫·奈:《理解国际冲突：理论与历史》，上海人民出版社 2009 年版，第 1 页。

民主义者能够“开拓了世界市场，使一切国家的生产和消费都成为世界性的了……过去那种地方的民族的自给自足和闭关自守状态，被各民族的各方面的互相往来和各方面的相互依赖所代替了。”[1]全球化的另一个动力来自人类社会的变革。最早的全球化来自近代西方世界对外的殖民运动，而西方能够成为最早的全球化运动的推进者，来自西方社会近代的文艺复兴、启蒙运动和早期的资本主义发展。冷战的终结，又给全球化运动以动力。冷战的终结，彻底打破了两个平衡市场的分野，原以苏联为首的东方国家通过市场化运动，从而使其能够全面融入以西方为主导的市场经济体系之中，从而使全球化不断向广度和深度发展。资本的全球自由流动导致的跨国公司的发展，政府间和非政府间国际组织的发展，为全球化的发展提供了载体。总之，以经济全球化为核心内容的全球化导致了“你中有我、我中有你”的全球化状态。[2]

李尚圭认为，人类的共同体是人类社会的一种特殊而又普遍的人类群体形态。“共同体”意味着确定性和安全感，个体对共同体群体有很强的归属感，其对自己群体的身份有很强的认同感，因此，共同体内部的凝聚力要远远高于人类的其他群体类型，其成员间的关系紧密度要远远高于它们与外部其他行为体。总之，群体性是人类社会的一个根本性特征，而共同体就是人类社会群体的一种类型，其共同体成员对自己的群体身份有很深、很强的认同，因此，群体成员结合为共同体，虽然其可以功利性地从共同体群体中获得安全利益、物质利益和精神利益等现实利益，但更为根本的是共同体群体成员基于某种认同纽带结合为共同体群体，例如民族共同体的认同纽带往往是群体成员共同拥有的相对同质性文化，家庭共同体的认同纽带往往是婚姻和血缘，其已经超越了单纯的功利性目的，从而愿意为共同体的群体及其群体内部成员做出超越其他群体和其他群体成员的奉献和牺牲，甚至奉献出生

[1]《马克思恩格斯选集》(第一卷)，人民出版社 1995 年版，第 276 页。

[2] 习近平:《在中国国际友好大会暨中国人民对外友好协会成立 60 周年纪念活动上的讲话》,《人民日报》2014 年 5 月 16 日。

命，因此，共同体的属性主要在于精神层面，也因此，共同体往往比其他类型的人类群体更有凝聚力。

信息时代的到来，让世界上各个国家、各个民族已经融为一体，全球化已经成为人类社会的核心特征。全球化也造成了不同民族、不同国家之间经济利益矛盾、文化意识形态冲突。怎样解决这些问题，为人类社会创造一个更加美好的未来，这就需要人类共同努力。只要世界各国、各民族能够互信互谅、真诚沟通，通过合作共赢的共同努力，人类未来一定会走向和平和光明。

第四章　社会伦理反思

伦理精神是民族精神和时代精神的凝聚，是一个国家优秀传统文化的精华。对一个国家和地区及某个领域的代表人物伦理精神的研究，有利于全面认识其社会发展历程。李尚圭是韩国当代文坛的元老级诗人，被誉为“具有天赋的诗人”，更是韩国著名企业家、慈善家、社会活动家，不仅如此，他还是一位推动中韩文化交流的使者。本章重点对李尚圭社会伦理思想进行研究，并以此为契机对其民族性格形成以及企业文化的塑造进行更高层面的审视。

李尚圭社会伦理思想吸取了我国儒家文化中的精华，重视诚信和努力经营，逐步形成自己独具一格的社会伦理氛围。李尚圭社会伦理也受到西方伦理发展的影响，在朝着注重法律和社会规范方向迈进，具备东西方社会文化融合的某些特征。正如美国知名学者克林·盖尔西克所言：“继承不是一件而是许多件事情。它不是在老领导人退休并把火炬传递给青年领导人的时候发生的单一事情，而是一个由发展的时钟推动的过程，这一过程从一些家庭的生命最早期就已经开始，并在各代的成熟与自然老化中得以继续。”[1] 以李尚圭为代表的韩国社会活动家深受中国传统儒家伦理思想和“家国”文化的影响，使得其伦理精神在破除因循守旧和面临全盘西化的两难选择中不断碰

[1] 孙学敏等主编：《康百万庄园兴盛四百年的奥秘》，河南人民出版社 2007 年版，第 194 页。

撞，不断融合，不断创新，为我们提供了多维度的研究可能性。法国大文豪巴尔扎克曾说:“对于会读历史的人来说，可以发现有一条令人赞赏的逻辑法则在发展着；在这一逻辑法则中表现了整个人类像一个整体一样活动着，像一个独一无二的精神那样思索着，并步伐整齐地实现其行为。”[1]中国传统伦理思想源远流长，其发展形成了典型的儒家文化圈。韩国作为儒家文化圈的辐射国家，其国内伦理思想在不同形式上均受到儒家文化的熏陶。中华儒家伦理精神表现为——在宗法制度上形成的尊亲相济、廓然大公，崇尚天人合一、和合生物，强调修身齐家、治世顺道，重视自强不息、厚德载物，特别是宋明理学发达之后，这种独特地融合了儒释道的伦理文化对韩国文化发展影响较大，也为李尚圭社会伦理思想吸取西方文明成果，实现东西方伦理文化结合提供了基奠。从人类社会的发展进程中，我们可以清晰地看到，社会伦理生活发展受制于社会经济、民族特性、政治生活、礼俗习惯等历史演变。东西方不同民族、国家发展经历了不同的社会形态和生产方式更迭，随着人类生产力的进步，逐步摆脱人对人的依赖、人对物的依赖，特别是东方伦理思想进入了实现自由、秩序与平衡的时代，每一个人的自由发展是一切人自由发展的条件，个人的全面自由发展才能促进社会秩序实现更高层次的和谐共存。同时，我们要看到，对李尚圭社会伦理的认识离不开对中国传统伦理思想的改造和挖掘。例如，中国传统伦理“朋友有信”等思想对李尚圭企业经营中的诚信理念的塑造是一个基本的社会基础。另外，忠孝思想在韩国民族伦理思想中始终是行为的基础，其在企业文化塑造中也有着明显的痕迹，忠孝是处理家国关系的基础，更是企业发展、社会稳定和谐的根本，它深深地影响着李尚圭社会伦理思想的文化性格。

此外，我们还需要站在历史的高度看待当代多极世界的形成，理性地分析韩国伦理文化发展的趋势。和平与发展仍是当代世界秩序发展的客观要

[1] 宋希仁:《当代外国伦理思想》，中国人民大学出版社 2000 年版，第 7 页。

求，地区社会的整体性和相互依赖性要求我们超越文化的差别，众志成城，协力合作，推进企业伙伴关系和企业发展的进步。伴随着经济全球化和互联网时代的飞速发展，不同企业、不同人群、不同文化之间的交流日益增多，经济一体化、互联互通的途径在多元化扩展，企业伦理、慈善精神等核心思想也被以李尚圭为代表的韩国社会活动家所认可，并贯彻至生产、经营、消费等多领域。李尚圭社会伦理的新秩序在兼容并蓄的基础上再次站在一个新的高度，一种具有民族特色、吸收历史精华、应时而变且和而不同的新伦理精神成为以李尚圭为代表的韩国社会活动家、慈善家矢志不渝的努力方向，构成了韩国商界一道亮丽的风景线。

第一节　尊重劳动理念

从伦理学的角度来看，劳动是一种生产要素的供应或者人力资源的投入，具有价值获取目的与价值获得手段的双重价值意义，是作为基本人权与基本职责的道德意义，由于人的认知和智力在劳动过程中不可或缺，因而劳动的内涵也包括人的道德知识和道德境界。劳动创造了财富，劳动是人的本质。人改造了自然，自然也改造了人，人类通过自身活动来引导并调整人与大自然的关系。人的劳动是有目的的、自觉的活动，而不仅仅是一种本能的活动，本能活动的能力是先天就有的，不是后天学得的。人的活动具有创造性，人的活动能够超出生存需要之外，在创造更多的物质财富同时，追求精神财富的创造，以满足人们各方面的需求。李尚圭社会伦理理念中一大亮点就是尊重劳动，尊重企业工人的劳动，这也是李尚圭社会伦理理念的基础。

由李尚圭企业经营发展过程中，我们可以从中窥探出些许劳动伦理的意味。“劳动伦理是对劳动中道德现象的概括，主要是指在劳动中人与其他诸要素之间应当遵守的道德准则和规范，有道德参与的劳动活动能够创造使用价值，即劳动者在生产过程中将一定的道德价值凝结在劳动产品中，从而使其更好地满足人的需要”。[1] 在人与自然的互动过程中，劳动是双向的。一方面劳动促进了自然的改变，另一方面又促进了人的改变，而具体的改变方向和路径又由人类自身来决定。在人与大自然相互关系中，劳动的伦理价值与伦理意义是通过人与人之间的相互关系来体现和实现的，而在劳动生产过程中，人与人之间的相互关系必须要由一定的准则来约束和规范。个人在劳动过程中，创造社会物质与精神财富，满足他人的物质与精神需求，就会得到全社会的认同与表扬，从而获得精神上的满足感、幸福感和愉悦感。在有道德规范的劳动中，个人的天性才能够得到充分发挥和释放。在劳动生产过程中，我们要在劳动伦理的规范和约束下正确处理好人类劳动与自然、人类劳动与社会、人类劳动与自身全面发展三个方面的关系，做到统筹兼顾、全面协调。一方面李尚圭在社会活动中主张合理利用和保护自然资源，实现可持续发展；另一方面其又宣扬维护和保障社会生产秩序，切实履行社会责任。同时，他还把劳动作为提高自身能力的一种重要手段，学会在劳动过程中成长，进一步使自身得到较全面发展。这样的劳动才是符合人类伦理道德的劳动，才能促进企业和谐劳动关系的构建。劳动者和雇佣劳动者的企业在劳动活动中本质上是一种经济利益关系，要想实现二者的共赢，必须首先保证劳动关系主体的利益得以实现。尊重劳动是第一位的，不过由于劳动关系主体之间的地位存在着天然的差距，劳动者不占有生产资料，因而在劳动生产关系中处于弱势地位，而雇佣劳动力的企业则相对处于强势地位，能够很大程度上影响劳动者的价值理念和行为活动，导致企业和谐劳动关系的伦理调整存在着诸多困难。因此，要想更合理地调节劳动关系，必须促使居于强势地位的雇佣企业一方能在公平公正的基础上，以一种积极的态度满足雇佣劳动力的利益需求。只有将互利共赢的和谐劳动关系理念融入整个企业日常

[1] 夏明月：《劳动伦理研究——和谐劳动关系与和谐社会构建》，人民出版社2012年版，第42页。

的劳动伦理文化建设当中，形成一定的伦理道德规范，成为劳动关系各方共同认可的标准和前提，才能使劳动关系中的各方相互合作、共同进步，形成一种强大的凝聚力和向心力。正因为李尚圭贯彻尊重劳动的基本概念，劳动权利保障在其企业中得以实现，因此其企业的核心竞争力才能够得到根本提升。

第二节　社会责任理念

责任担当是公民在履行社会责任时的一种价值精神。使命呼唤担当，使命引领未来。社会责任担当是深深植根于李尚圭社会伦理思想中的。责任感是一个人对自己所从事工作负责任与否的态度表现。从道德哲学角度来看，道德体现为人们在不同的集体中，为集体利益而约定俗成的，应该做什么和不应该做什么的行为规范。因此，担当作为一种国民道德精神，要求从事一定职业的人，在履行本职工作的过程中，应当遵循职业范围内的特殊道德准则，对自身的工作态度保持严格的要求。尽职尽责就是把自己工作职责范围内的事情做好，高度的责任感是敬业的核心。李尚圭社会伦理理念充分践行了这一点。他认为一个人在社会上的伦理角色是多重的，每个人都应该树立角色意识，扮演好自己的社会角色，尽自己的社会职责。只有每个人都尽己之分，尽己之责，才能更好地实现社会的良性运转，这也是时代对责任伦理的呼唤。

李尚圭的社会伦理理念一方面体现在社会和公众利益的责任感。职业是社会分工的产物，因此，职业应体现社会公共利益，担当精神的宗旨是追求社会整体利益最大化的实现，每一个职业工作者首先要有对社会、对公众的尽心尽责的心胸和关怀，这构成了担当精神的核心要求。另一方面体现在对本职业荣誉的关心。立足于社会、公众的立场并不等于放弃各个职业本身的特点和内在要求，恰恰相反，要在追求社会、公众利益的基础上，进一步追求本职工作的成就感，完善本职工作的各个环节，使之以更好的形象、更高的效率展示在世人面前。“不想当将军的士兵不是好士兵”。没有对工作、对事业的热爱，就不会关心它的社会声誉，也不会忍受长久平凡而寂寞的清苦生活。“干一行、爱一行、专一行”就是提倡以创造性的劳动为社会做贡献。这种敬业精神要求在职业活动领域树立主人翁的意识，培养恪尽职守的工作态度，钻研本专业的技能，保持良好的劳动态度和务实苦干的精神，以正确的人生观和价值观指导自身的职业行为。可以看到，对工作的热爱、对社会的负责、对家庭的尽心等精神因素构成了韩国公民素质的重要方面。

一、李尚圭社会责任理念中的伦理底线 >>>

责任是企业在发展过程中的一种社会价值体现。企业的发展有历程，但核心价值规范始终存在。企业要注重树立责任意识、规则意识、奉献意识，这样才能更好地引领社会未来。企业社会责任进一步表现为国家至上。李尚圭重视社会责任底线，尊重和维护社会公序良俗及文化遗产，积极参与国家、社会文化生活。李尚圭在企业经营中确立了对环境的基本责任包括不污染环境、保护环境，努力促进和改善环境。遵守环境责任需要承诺保护和节约社会自然资源，实现可持续发展。社会责任底线是某一个人或团体决定自愿为建设一个更好的社会和一个清洁的环境而做出的努力。因此，在战略和运作决策过程中要注重社会利益相关者，明确他们的需求和价值。此外，在自身的发展过程中，通过不断地参与社会慈善活动等，最大限度地同社会要求相匹配、相适应，社会其他群体和个人的认同过程就是企业担负社会责任的过程。一定意义上说，社会责任底线就是其不得不向社会承担的，而且在实际操作中必须履行的责任，它是个人行为对经济、社会、环境的贡献以及对利益相关者的关怀。

二、李尚圭社会责任理念强调彰显社会整体利益 >>>

责任是一种价值的体现，是一种高尚企业品格的突显，更是其个人精神的升华。“社会责任”是指对社会福利的关心，它会使个人和团体的行为免于遭受最终有害的活动，并带领人类积极改善现状。可以说，作为一名社会活动家，其对利益相关者、对环境、对一个国家或地区的公序良俗和安全秩序都负有不可推卸的社会责任。

首先，李尚圭社会伦理责任理念是韩国社会责任要求的内化。它体现了一种伦理关系上的社会责任，包括其在参与社会生活及其他活动中所应该承担的对社会和环境保护等方面的责任和义务。每一种社会关系及其主体都有特定的利益和伦理要求，这就决定了李尚圭在自己的生存发展中必然承担着特定的道德责任。从契约论的角度分析，道德责任是以一种要论及压倒一切个别契约的更深层、更普遍地“契约”的方法，把社会生活中的不同成分连接成道德的共同体，从而使个人在享受社会带来福利的同时承担起对社会的责任，如遵守公共道德、合理参与劳动、节约资源能源等。其次，李尚圭社会责任理念重在强调精准的伦理决策。伦理决策即通过合理的理由和合乎逻辑的决策过程，给予以下因素适当的关注，诸如事实、可供选择的视角、对所有利益相关者的后果和社会道德准则。凡在相关的社会共同体之间就利益相关者责任存在相互冲突的合法规范的地方，应当优先考虑在决策中有着最重大利益关系的共同体的规范。社会责任，作出伦理责任的第一步是需要一个正当的理由来支持这个决定。这就需要个人在社会活动过程中对经济、社会和环境目标进行综合考虑，在获取经济利益的同时，主动承担起对利益相关者的社会责任，主要涉及环境保护、公共道德、社区关系、社会公益等问题。李尚圭社会责任理念便是建立在以此为基础之上的，这些责任是建立在自愿基础上并高于相关法律的要求，有利于保证个人的活动对社会产生积极影响。再次，社会责任理念的树立需要遵循更广泛的社会契约。经典的社会契约论认为，社会责任是在社会成员内契约共有方所接受的共同义务。契约共有方既要对各自的行为负责，也要有能力关照自身的利益，因此，按照契约论的眼光看来，法律责任应该是平衡的。这一理念在李尚圭社会伦理理念中得以充分展现。而随着经济社会的发展，在此基础上，李尚圭社会伦理理念强调“隐蔽的然而极其重要的协议或‘契约’，它们把各种团体、社会成员和制度连接成道德的共同体……”这种更深层、更普遍契约的核心内容就是社会责任。个人在参与社会生活的同时还要承担对社会其他成员和社会的责任，包括遵守公共道德、社会安全、节约资源等。个人不仅要从社会中得到所需的权利，还要让社会中的其他成员得以和谐共存。个人有权要求社会管理者提供符合保障人身安全、财产安全要求的服务等。总之，李尚圭社会责任理念就是确保个人在做好自身工作的基础上，勇于完成社会赋予的任务，在更广泛的意义上彰显自身价值，奉献社会。

第三节　适度消费理念

适度消费理念始终是贯穿李尚圭社会伦理理念的主线索。韩国是个能源短缺的国家，对化石能源依存度高，经济结构以高耗能、产生二氧化碳排放量大的产业为主。因此，韩国曾成为温室气体高排放国家，且增长速度极快。为改变碳排放大国的形象，韩国提出了自己的减排目标，推出了一系列的“低碳、绿色增长新政”：提高资源利用率；改善能源消费结构，降低对化石能源的依存度；加速对再生能源的研发，提高清洁能源的消费比重；从身边点滴做起，倡导国民低碳绿色生活。就这一点来看，李尚圭一直紧跟国家大趋势发展步伐，立足于适度——低碳消费这一发展理念从事社会活动。从某种意义上讲，伦理道德本身就是一种规范。在历史的长河中，伦理规范并不是一成不变的，它随着历史、文化和社会的发展而不断变化，但是变化的事物中也蕴含着不变的因素，消费是人类社会生活中的基本内容。它不仅是经济现象，而且是伦理和文化现象。消费不仅需要经济实力，而且受到伦理和文化的制约和影响。消费者在进行消费选择时，不仅涉及“能够不能够”，而且涉及“愿意不愿意”和“应该不应该”。这就表明，消费伦理观念及其伦理规范体系对消费行为有着重大的影响。

一、李尚圭适度消费理念的价值意蕴 >>>

李尚圭坚持“清贫为乐”的价值观，强调适度消费，拒绝享乐主义。他认为人应该从自然本性出发，但人生的目的与意义不能仅仅局限于追求和满足个人的物质享受，满足生理本能的基本需要。享乐不受节制，导致浪费，道德虚无主义就会泛滥。金钱是满足人们物质生活需要的一种手段，但却被当成唯一手段并被塑造成所谓人生的第一需要，这是荒谬的。李尚圭通过本人作品和社会活动呼吁人们要通过自己的诚实和辛勤劳动去积累钱财，只有这种财产和金钱才是值得的、有益的，要求社会成员对劳动采取诚实的态度，发扬祖辈们的克勤克俭精神，克制不必要的欲望，计划好自己的生活。

适度消费理念是社会伦理规范体系的重要分支，它反映了一定社会生产力发展的水平和社会中人们相互之间的关联度利益关系，同时也是理论工作者对节约型消费伦理生活规律性的概括和总结。树立适度消费理念，能够更好地推动消费活动沿着健康的方向发展，从而有利于社会的文明进步。适度消费原则是贯穿于整个消费伦理规范体系的总纲，起着主导作用，具有普遍性、全面性和相对稳定性。消费必然涉及人与自然的关系问题。适度消费原则要反映人类的共同利益，并以此调节人们的行为，必须对人与自然的关系有正确的认识。换言之，它必须站在世界观的高度认识问题。消费的适度不仅要考虑经济的承受力，也要考虑生态环境的承受力。低碳消费的价值基础是人与自然之间的关系，是消费伦理中“人与自然和谐”原则的具体体现。低碳消费必然包含着两个基本理论观点：一是可持续发展的观点。从可持续发展的观点分析，必须是有利于生态平衡和保护环境的消费才是合理的。二是公平消费的观点。我们只有一个地球，为了保护生态环境，必须强调公平消费。李尚圭在社会活动中强调要重视适度消费理念，正是因为其反映当代世界在人与自然关系上科学的、先进的世界观，其适度消费伦理思想的建立也是在挖掘和吸收中国传统文化中有益的思想成分中滋养起来的，其在韩国国内现实生活中也发挥了一定作用。总之，消费不仅是自然过程，而且是一个社会过程，社会的道德风尚、个人的价值偏好都对消费的内容、数量、形式等产生重要影响。

二、低碳：低碳消费是适度消费的新趋势 >>>

在李尚圭社会活动中我们不难发现，适度低碳发展是李尚圭社会伦理理念的底线，也是现代社会可持续发展的基本规范。低碳消费是适度消费的新趋势，适度——低碳的消费理念是李尚圭在社会活动中矢志不渝所坚持和追求的方向。随着低碳环保理念的树立，低碳发展方式的宣传，为其促进社会可持续发展打下良好的基础。韩国国内试图整合运营“低碳产品换现金”和“碳积分”制度。其主要内容为，如果购买二氧化碳排量低或待机耗电量低的产品，就可按购买金额给予一定比率的积分，并可像现金一样使用。此举旨在引领韩国社会低碳消费导向。

低碳发展是对社会组织本质的重新认识。个人和社会团体究竟是“经济动物”还是“社会动物”，这一问题始终困扰着社会活动家们，但透过李尚圭社会活动所折射出的社会伦理理念，我们可以得出，社会团体不但是一个孤立的社会或经济组织，更是社会整体发展不可或缺的重要成员。因此，应加强对环境的保护、对低碳发展的支持。关于环境保护，恩格斯曾明确指出：“我们不要过分陶醉于我们人类对自然界的胜利。对于每一次这样的胜利，自然界都对我们进行报复。每一次胜利，起初确实取得了我们预期的结果，但是往后和再往后却发生完全不同的、出于预料的影响，常常把最初的结果又消除了。”[1]李尚圭的行为规范和社会责任根源于其企业在社会发展中所扮

[1]《马克思恩格斯文集》第9卷，人民出版社2009年版，第559–560页。

演的角色和树立的标准。李尚圭在企业经营及社会活动中所树立的适度——低碳发展理念，特别是我们看到其在处理发展中涉及环境安全事件的情况时，并不是单从经济的角度考虑是否合适或环保，而是从人类社会长远发展的角度来思考和处理问题，这为韩国社会发展理念提供了一个宏观的、综合性的考虑角度。追求基业长青和永续发展是所有现代企业共同的愿望，这就特别需要在个人发展过程中注重绿色的可持续发展理念的树立，理顺生产和发展中的安全因素，最大限度地发挥企业各部分的“合力”，促进企业的快速健康发展。单纯的经济增长会使社会的经济、文化失去平衡，突然急剧增长的财富在无任何力量制约平衡的条件下，会把一切变为金钱能够购买的东西：瓦解制度，破坏法律，收买权力，最终导致整个社会的可购买化、金本位化，使社会的结构趋于崩溃和混乱。我们从李尚圭社会伦理理念中可以透析韩国现代社会伦理理念，即要全面地认识企业的社会性质和企业发展的社会功能，构筑较成熟的企业伦理模式，不仅要有内部科学管理作为支撑，而且要兼具绿色环保的外部性和持久性，并将之诉诸伦理信念，建立相应的伦理机制。

低碳发展是对社会责任的全面认同。良好的生态环境是可持续发展的雄厚物质基础。推动形成低碳发展方式和生产方式，是个人发展观的一场深刻革命，使之正确处理社会活动和生态保护的关系。李尚圭在社会活动中将低碳发展同社会责任担当联系起来，发展是企业的终极目标，而低碳则是对社会责任的全面认同。低碳发展理念的树立，关键在树立个人核心道德责任。美国学者普拉利曾将个人的核心道德责任划分为三个层面：“首先个人有义务承担最基本的道德责任，即为社会安全做好本职服务。在这一基础性和永久性的责任之上，现在又增加了新的道德责任。第二层次的道德责任的范围扩大了，涉及关心环境和减少资源消耗。最后一个层次的道德责任指的是个人作为一个道德共同体的质量。这意味着起码没有滥用道德责任。”[1]个人作为社会的微观细胞，就应该遵循道德规则，增进绿色福祉。低碳发展、环境保护是社会核心责任应有之义，更是对个人社会责任的全面认同。从社会生活整体环境分析入手，低碳作为伦理规范在强调将社会作为技术手段加以应用外，还能促进社会良好环保风尚、健康安全的生活方式等方面的发展。因此，李尚圭社会伦理理念在自身发展的基础上，更加坚定地推进绿色发展，推动自然资本大量增值，让良好生态环境成为社会发展的增长点，成为展现韩国现代社会良好国际形象的发力点。

低碳发展方式和生活方式是社会伦理建设规范的新趋势。李尚圭在社会活动中坚持节约资源，其企业在运营中形成了保护环境的产业结构和生产方式，更早地实现碳中和，为消费者提供更加优质、绿色的产品和社会环境。从社会发展角度来看，李尚圭社会伦理理念坚决摒弃了损害甚至破坏生态环境的发展模式，坚决摒弃了以牺牲生态环境换取一时一地效益增长的做法。积极适应低碳发展方式，探索低碳循环发展的路径，建设约束和激励并举的绿色管理机制，构建低碳发展的伦理制度。树立节约集约循环利用的资源观，用最少的资源环境代价取得最大的经济社会效益。在伦理文化建设中，李尚圭倡导推广低碳消费，做低碳消费的践行者、推动者，在社会层面大力呼吁加强低碳生态宣传教育，推动社会内部形成节约适度、绿色低碳的生产方式，进一步促进其形成文明健康的消费模式。在企业经营中，李尚圭通过企业对社会的承诺，能够体现出其企业发展轨迹中的社会责任，其在企业理念中主张的“真诚到永远”“尊重和关心每一位员工”等理念，均体现了对环境、员工、对社会的服务意识和尊重精神。对内而言，低碳发展就是可持续发展，它体现在强调社会成员对社会主导价值和节能环保理念的贯彻，生产为人的需要而存在，社会依靠人进行生产经营活动，社会活动最重要的资

[1] [美] 普拉利:《商业伦理》，洪成文译，中信出版社 1999 年版，第 43 页。

源是人和人才。只有理顺社会中最具活力的人力资源，使人、财、物、环境之间发生积极的“化学效应”，形成良性循环，才能使社会自身内部做到可持续发展。对外而言，社会低碳发展需要关注对环境的影响，在这一点上，李尚圭社会伦理理念凸显其前瞻性。特别是进入工业革命以来，社会成员在创造巨大财富的同时，也加剧了人与自然之间的冲突和矛盾，造成了严重的环境破坏和过度的资源消耗。各种大气污染、水体污染、城市污染、工业废弃物污染、水土流失、土地荒漠化等已经严重影响了人们的生存环境和安全健康。这些方面的问题或多或少的跟个人盲目逐利性发展有关系，所以李尚圭社会伦理理念就是在重视自身经济利益的同时，更要注重生产经营与生态环境、劳动条件、职业安全健康和整个社会的协调发展。因此，要以勤俭节约的低碳生产方式为荣，以奢侈浪费的高碳生产方式为耻，拥抱低碳生活，推广绿色生产，倡导更为健康环保的发展理念。

第四节　永续发展理念

一、社会永续发展是李尚圭社会伦理建设的目标 >>>

社会永续发展要求促进人与自然的和谐，实现经济发展和人口、资源、环境相协调的发展，是经济社会的协调发展。社会永续发展是全面协调的发展，社会发展应遵循一定的规范，伦理道德在其中就为社会运行树立了行为规范，制定了“心中的道德律”。社会责任源于社会成员在社会发展中所扮演的角色。作为社会发展的主体力量，社会成员履行其应承担的社会责任，遵守国家相关法律法规，体现社会公平的要求，承担社会责任，与国家发展理念和地区、世界发展理念相一致。特别是我们看到李尚圭在处理发展中涉及安全事件的情况时，不仅从经济的角度考虑是否合适或安全，更多地从韩国社会长远发展的角度来思考和处理问题，从另一个侧面来说，伦理道德为社会发展提供了一个宏观的、综合性的考量角度，规范了李尚圭社会活动的部分行为，对其自身、所处环境和社会均有较大影响。

社会永续发展是企业永续发展的前提和基础。在西方部分发达国家，已经早有将企业社会责任等标准量化为企业行为的先例。如执行 SA8000 标准认证，该标准在童工、强迫劳动、安全生产等方面均有明确的规定。典型的规定包括员工一周工作时间不超过 48 小时，企业必须为员工提供安全健康的工作环境等等。随着经济全球一体化的加速，李尚圭在企业发展的过程中不仅仅追求资产升值和盈利，还包括更多社会利益的诉求。如关注员工合法权益和健康成长，关注社会诚信和商业伦理，关注消费者对自己产品的口碑和满意度，关注自己的经营模式和发展前景是否能够可持续发展。追求“基业长青”“永续发展”是所有企业共同的愿望，这也就更加促使李尚圭在企业发展的过程中注重道德伦理的力量，将可持续发展作为基本理念，完善内部各种关系，理顺生产和发展中的安全因素，最大限度地发挥企业各部分的“合力”，促进企业的快速健康发展。同时，李尚圭通过不断地参与社会慈善活动等公益行为，最大限度地同社会要求相匹配和适应。社会其他群体和个人的认同过程就是企业担负社会责任的过程。这其中企业社会责任不能仅靠企业家自身的觉醒，还需发挥员工积极性，使之投入社会活动和社会建设浪潮中。如企业领导人具有极为正面的社会影响力，而企业员工在正常的社会生活中较少考虑他人和公众的利益，其他群体看待这个员工的时候还是会将之与企业、与企业领导人“挂起钩来”，联系起来去看待。因此，我们看到，一种成熟的社会发展模式，应具有科学性、合理性和持续性，不仅要有动力学的机制，而且要兼具自我评价、自我约束、自我反省、自我规范的机制。李尚圭社会伦理就是这种机制中的中心环节，它为韩国的企业发展提供了一种全面深入的可持续发展的战略思考，并诉诸伦理信念，建立相应的伦理机制。对于企业发展来说，只有以可持续发展理念为基础，以伦理机制为保障，韩国企业发展战略的实施才能从初级走向高级，从肤浅走向深刻。而思考总结李尚圭企业伦理理念与精神，使之作用于当代中韩两国企业发展中伦理建设的重要参照，也是现代企业实现可持续发展战略过程中所面临的重要任务之一。

二、李尚圭社会伦理理念的主要内容 >>>

第一，在生产活动中重视企业诚信经营。诚信是儒家文化思想中非常重要的内容，是企业无形的名片。诚信主要指不虚伪、言行一致，诚实待人，这种思想源于古代中国人民关于自然秩序的理解，人们认为自然秩序是真实起作用的社会存在，人们之间的伦理关系也应该像自然秩序一样真实，不虚伪。“诚者天之道，诚之者人之道”。诚信是人与人之间重要的伦理原则，有了诚信，人们之间才能形成真正的沟通。失去诚信，人将不能立于社会。诚信是正直和信任的基础，因此，李尚圭认为诚信是企业家行为准则的精髓，是人之为人的关键。成功的企业家必须有躬行之心，首先是一个诚信的人，才能够成就大业。诚信乃修己达人的根本，也是意志和奋斗的动力。敬爱之意是诚信的外部表现，儒家文化传统讲究仁义。李尚圭在待人接物中体现出的仁义礼智的思想与儒家文化不谋而合。诚信和敬爱是企业发展的道德行为规范。在企业发展中，个人利益与社会利益是一致的，非对立的。追求的自身利益本身就包含有社会利益和他人利益，任何为他人利益的活动实际上也是从利己的角度出发的。正是因为李尚圭在企业经营与伦理建设中始终坚信这一点——只要遵循诚实守信、合作共赢，就能够有序协调个人利益与公共利益。企业与企业之间，或企业与社会之间，这种诚信合作关系能够提高企业效率，促进资源能源在生产、交换、分配、消费这四大环节中的有效利用，克服效率低下和无端浪费。一个企业的发展跟社会大环境是息息相关的，企业的进步与社会对资源的科学分配，对最新技术的尊重，对公平正义社会环境的培育等都有关，特别是需要一个充满敬爱的社会环境，这样才能更好地、自觉地发挥主动性和积极性，发扬和树立传统的“诚”“敬”思想并自觉地应用起来。

第二，推崇人本思想。以人为本是社会伦理中的重要原则，对人的态度是个人成败的关键。李尚圭在其社会活动中始终重视人这一主要因素的作用，树立了正确的“人—我”观。如果说过去是谋事在人、成事在天，现在则应该谋事在天、成事在人。在韩国社会经济发展的过程中，人的异化问题始终是一个躲不开的问题，随着经济的发展，有些团体或企业将人与技术构成、人与财富拥有等量齐观，使得员工或消费者这些主要的利益相关方群体中的人失去了尊严和独立的人格，有些企业将利润或金钱的地位抬高至压倒一切，极力贬低精神价值，使人失去了应有的尊严和地位，人的使用越来越随意化，人膜拜于金钱的脚下，异化问题越来越严重。人本应是万物的主人，万物本应是人作用的对象，但是在机器的高频率使用时代，人成为机器的附庸——“机器的延伸”。在产业化的企业中，人失去了自由和尊严，丧失了个性与社会地位；在商品化的时代里，人们的行为被广告、媒体、时尚所支配，成为外在物和时代的奴隶，在企业中人们的行为和思维方式也出现了前所未有的“统一”，久而久之，人们就失去了自己的个性和思考，失去了主体性和独立性。而李尚圭则认为人是天地之主人，万物之灵长，要以人为重，人比物贵。人是理性的存在物，是改造社会的行为主体，是变革社会的动力之源，是社会发展的主力军。人不仅能超越自身，更能超越自然，认识自然规律。人不是被动的社会存在，而是有计划、有目的的改造对象、具有能动性的社会存在。因此，对于一个社会来说，人的重要性怎么强调都不为过。正是看到社会激烈的竞争促使人的异化，李尚圭认为要树立民族的独立性，端正人的价值与物的价值的关系，物是实现人的价值的必要手段和重要工具，没有物就不可能体现人的价值，不能盲目否定物的价值，但是更不能单纯抬高物的价值来压低人的价值，这样社会中的人的价值与物的价值的地位与主客关系就颠倒了。只有充分保障人格尊严和自由平等的权利，人的价值才能得以充分体现，社会上残酷竞争和互不信任的关系才能够改善。李尚圭在社会活动中反对压榨劳动者价值，极力通过各种方式来“反哺”劳动者的主体性价值和社会价值，力争促进社会成员人格自由和各方面素质的全面提升。

第三，重视团结协作。李尚圭在社会活动和企业管理中，始终坚持正确的劳动财富观，即通过辛勤劳动，付出自己的代价才能得到健康的幸福生活和企业的稳定发展，也只有通过辛勤劳动，尽自己所能，努力生产才是真正的富国强企之路。按照儒家传统礼俗秩序要求，君臣、父子、夫妇纲常秩序比较严谨，每一层次都是一定程度上的集中意志，都有相应的权力与尊严，并用一整套规范礼仪来维护尊严。其认为个人应该通过努力开创自己的未来和一片天地，通过自身的奋斗创造新的生活，不能寄希望于别人或外在条件。没有自己的努力就难以形成自立、自主的意识，也就更不可能充分发挥行动的自主性和积极性。国民自主性本身就是一种自立精神的体现，应确立坚持民族的主体，树立自我人格和尊严。每个社会成员都应该成为国家建设的主人翁，把建设国家作为自己应尽的责任和义务，自觉树立自由、自立、自主的意识，并在此基础上对外来物质文明、精神文明和科学技术进行“取其精华、弃其糟粕”。

在社会活动与管理中，另一个核心的要素就是“协作”。李尚圭通过近20年的中国民间交流往来的经验得出，中国传统伦理道德在社会活动方面值得认可的且具有典型意义的是“相扶相助”“和谐共生”的传统精神和协同合作的精神。团结协作是中国人民的优良传统，就这一点而言，值得韩国社会活动家深刻学习。在他看来，古代中国的村落都是靠着乡规乡俗来约束管理全村的事务，进而体现了全村互相帮助团结友爱的精神。现代中国自改革开放以来，中国公民社会责任意识和参政积极性提高，有效地提升了国家的整体性和整体力量。正所谓“人心齐、泰山移”，韩国社会伦理建设在此时也应意识到不同社会成员及团体之间要和睦相处，发挥个人或团体社会基本元素的功能，运用智慧和能力，使团结协作精神成为推动社会经济迅速发展的精神力量，保证企业、社会和个人三者形成良性互动。从另一方面来看，李尚圭认为，协作精神作为社会主体应遵循的原则，可以柔化矛盾，减少矛盾激化，促进相关利益方合作共赢，促进社会的安定团结和生产经营的可持续发展，这种对社会积极意义的“正能量”虽然短时间内难以立竿见影地实现，但是其价值追求是值得认可和肯定的。

第四，讲究勤俭节约。李尚圭坚持勤俭节约，反对铺张浪费，更反对社会上流行的享乐主义。韩国在上个世纪末踏上经济发展的快车道，一跃成为经济发达国家，更是在经济发展领域被称为“亚洲四小龙”之一。这使得韩国社会出现了一大批富人阶层。这种富有之后的群体普遍具有享乐主义的倾向。享乐主义从人的自然本性出发，认为人生目标与意义在于追求和满足个人的物质享受，满足生理本能和物质需求，错误的金钱万能论时不时影响人们的思想，更甚者导致传统文化、礼俗秩序、劳动纪律、道德规范等出现错位，消费至上成为社会追逐的“猎物”，使道德虚无主义泛滥成灾。因此，李尚圭认为勤劳节俭应是社会伦理建设中必须坚持的美德，结合自身的需要对物质财富的有限占有应该是一个人品格的体现，强烈占据不属于自己或自己驾驭不了的物质对人的品质是一种腐蚀。李尚圭在社会活动中都会先想好实施时可能遇到的困难和克服的办法，然后努力去做好，力求务实，不讲空话，多干实事，并且持之以恒。而所谓的追求享乐只是一时的快乐，应该进行积极的追求，而不是极端的享乐，那是非常危险的。极端的享乐主义会带来社会上多数人群的艳羡，甚至导致社会心理失衡，同时，享乐主义会削弱人们生活的斗志和进取精神，导致优秀精神的衰退。享乐主义还跟社会上一度宣扬的“金钱万能”有着千丝万缕的联系，这种思想会使社会上的人们都变成“经济人”，目光仅仅盯着眼前的物质利益，而忽略了长远的社会利益和子孙后代的幸福资源。人不是无所事事的社会动物，而是有血有肉有灵感有思想的社会存在，享乐主义思想如果不及时纠正就会严重影响社会形象和社会的健康发展。李尚圭强调勤俭节约正是对这种享乐主义的正面回应，值得韩国国内深刻反思。

第五，弘扬社会奉献。奉献体现的是境界和律己，是干好事业的原动力，因为没有奉献精神就不可能主动地把工作做好。那么奉献的动力又是什么？若从感情上讲，是“爱”，是企业成员对自己企业的那份热爱，是爱到深处，无怨无悔心甘情愿的付出；是“情”，是社会成员对所处社会的那份深情，是当彼此的利益发生冲突时，为成全对方而自觉自愿地做出牺牲的那份痴情。若从经济方面讲，奉献是权衡过后的理智选择。因为，作为一个社会的人，我们都处在一定的社会组织或团体中，我们的生存和发展都要依赖于自己所处的集体，这就要求我们必须与自己身在其中的这个集体冷暖共知，荣辱与共。在工业发展的中前期，人与人、企业与企业相互戒备，造成人情的淡漠和人际关系的紧张，利己主义产生了较大的社会矛盾。李尚圭正是看到了利己主义的本质，因而从企业、社会和个人的关系层面来看待问题。他认为利己主义破坏了社会和谐、友爱的传统伦理观念，利己主义撕裂了社会的整体观，将“我”置于“我们”之上，显然践踏了传统的伦理道德。此外，利己主义破坏了社会和谐环境，使人与人之间逐步疏远，关系恶化，特别是在商品经济竞争加剧的背景下，利己主义思潮使得人们互相攻击、互相欺骗、信任度严重下降，人与人之间关系恶化。有些企业不顾社会法律约束，为了获得超额利润，甚至违背社会公德和良序公俗，不择手段地相互竞争，毫不顾忌法律与社会效益，给社会带来恶劣影响。正是看到这些问题，列宁曾一针见血地指出：“道德是为人类社会上升到更高的水平，为人类社会摆脱劳动的剥削服务的。”[1]李尚圭认为企业的发展利润固然很重要，但从中国传统的康百万家族经商的情况可以生动说明，企业社会责任更加重要。正如古代诗文所言：“纷纷功利看人争，义举唯君独手擎。不惜多金挥似土，能孚众志即成城。”[2]企业不仅是盈利的组织，更应成为担负社会就业、

[1]《列宁选集》第4卷，人民出版社1995年版，第355页。

[2] 李春晓：《康百万庄园匾额楹联撷》，中州古籍出版社2012年版，第171页。

为社会提供高品质产品、输出优质服务、维护生态环境、提升社会良善氛围的组织单位。服务社会、服务民众是企业应尽的义务。在现实社会中，社会责任是每一位公民应当承担的义务，是社会持续发展不可或缺的重要因素。每个人都不应当仅仅完成自己的工作，更需要完成社会的任务——不计报酬地为社会、集体、他人服务，这就是奉献社会。奉献是爱的自然流露，是一种幸福，是一种崇高的情感，是一种高尚的品质，更是自己生命的延续和升华。人们之所以能够得到最大的幸福和自由快乐的心境，莫过于真诚的友谊和无私的奉献。以重视诚信经营、推崇人本思想、重视团结协作、讲究勤俭节约、弘扬社会奉献为主的可持续发展理念，更好地印证了李尚圭社会伦理理念的全面与深刻，也彰显了韩国一代社会活动家的风貌。

第五章　经营伦理理念探究

20 世纪六七十年代，韩国社会经济、政治、文化开始步入发展阶段，虽然社会秩序也经历过动荡，但总体经济显现出后发优势，之后逐步在亚洲占据一席之地，成为“亚洲四小龙”之一。与此同时，社会层面呈现出追求公平正义、秩序自由和礼法统一的伦理精神，也为韩国经济发展注入新的力量。一方面，企业法人合法经营，创造财富，保障了自身的财产和权利。另一方面，企业法人也必须尊重政府法规和他人的社会权利，接受法律应有的约束。

世界文化是多元的，各国在发展中相互影响、相互渗透的情况比较复杂，很难简单做出是非判断。因此，我们从李尚圭创业、立业、发展等历程出发，可谓管中窥豹，探索韩国一代创业者的心路历程和韩国当代企业经营伦理发展的轨迹。

韩国当代企业经营伦理吸取了东亚儒家文化中的精华，重视诚信和努力经营，逐步形成自己独具一格的韩国商业伦理氛围。一个企业能否顺利持续地发展取决于多方面因素，其中影响企业发展的一个重要因素就是企业的文化建设。良好的企业文化可以有效提升企业的市场竞争力，提高其自身的经济效益。美国学者弗朗西斯·福山认为，“信任是社会保持经济持续发展的必要因素”。[1] 近现代市场社会，诚信以契约为基本特征。在这样的社会，商品交换的诚信只能依靠契约与合同得以维持，并在法律和制度的保障下得以展开。随着市场经济的发展，诚信规范从潜意识形态发展为显意识形态，并且日趋明朗和具体，成为调节社会关系的最基本最普遍的准则之一。儒家诚信伦理作为儒家思想的基本范畴之一，始终贯穿于儒家仁、恕、信、义、诚等伦理规范中，旨在规范个体行为，培养个人健康的交往心态，通过内化儒家诚信价值观和道德准则，以诚信为尺度建立个人与他人的良性互动和人际信任，讲究商业道德，提倡以诚待人，以信接物，义利兼顾，以此为契机最终达到以儒家诚信伦理规范为支撑，促进经济秩序的良性发展，稳定社会秩序，维系个人与社会的和谐有序关系之目的，进而促进个体与他人、社会的和谐、有序和统一。儒家诚信伦理所大力倡导的“以诚为本”“不诚无物”“无信不立”等伦理观念与道德准则，对韩国商业发展有着特有的价值和作用，它着重以规范个人诚信作为切入点，以求营造整个国家商业诚信有序的氛围。

韩国经营伦理也受到二战后西方企业伦理发展的影响，注重法律和社会规范，具备东西商业文化融合的某些特征。企业伦理作为要求企业选择道德的经济行为的一种规范，能够让企业接受并主动践行，而非简单地出于人们对道德本身的推崇。实际上，道德的经济行为及企业行为的道德规范，能在客观上存在并为企业所接受是有其深层原因的，即企业伦理具有促进经济主体认同并接受，进而内化为主体自我要求的能力。在企业经营中，企业伦理以其特有的社会功能对企业发展施以影响。在企业内部，伦理道德作为一种校正人们行为及人际关系的软约束，有助于企业确立整体价值观和发扬企业精神，为企业发展指明了方向。伦理道德还有助于群体行为合理化，调动员工的积极性和创造性，有利于企业在激烈的市场竞争中立于不败之地。在企

[1] [美] 弗朗西斯·福山:《信任——社会美德与创造经济繁荣》，海南出版社 2001 版，第 57 页。

业外部，企业伦理是企业立足社会的保证。企业在追求经济效益的同时，注重社会效益，积极参与社会的公益活动，履行社会的义务并完成社会的使命，有利于树立良好的企业形象。此外，企业作为重要的社会团体时刻与社会发生着密切的联系，企业的经营活动更多地受到社会、政府、法律的约束，为了获取更大的利益，企业就必须承担起一定的社会责任。二战后的韩国商业发展亦受此观念影响，遵守相应的质量、环保、劳动等法规，衍生出相应的社会责任伦理，主要包括经济责任伦理和法律责任伦理两个方面。

所谓经济责任伦理，指的是企业作为市场经济的主体，除了承担应有的法律责任外，更应承担起经济伦理道德责任。企业是“经济人”和“道德人”的统一，具有经济和伦理的“双重人格”，因此必须对企业的经济活动进行伦理评价。站在企业社会功能角度看企业的社会责任，可以看到企业在赚取合理利润的同时，必须承担起保护和改善其他相关群体利益的责任。企业作为一种盈利性社会经济组织，盈利性是其内在的本质特征，提高企业经济活动的效率，谋求利润最大化，实现投资者的投资回报，是企业的基本任务。同时，企业不能离开社会而独立存在和发展，社会性是企业外在的重要特征。企业在实现自身经济利益的过程中，必须协调好与个人与其他社会组织的利益关系。在市场经济条件下，企业从事生产和经营活动时始终面临着既对立又统一的行为变量——追求利润与遵守道德的矛盾。盈利是每个企业追求的目标，但追求利润与社会责任并非鱼与熊掌那般不可兼得。在生存和力求取得发展的前提下，企业也必须考虑自己的社会价值。作为企业，利润不仅是其追逐的目标，也是其发展的动力和基础。但极其自私者未必能实现自利，企业作为整个社会分工体系中的一环，作为依赖社会发展和社会环境而生存的组织，事实上必须承担“社会人”的角色，它必须重视其社会职能，仰仗社会群体、社会舆论的支持，并尽到自己的社会责任。不尽社会责任的企业，将失去经营的有效性和合法性，在目前阶段也必然失去社会的关注甚至受到谴责与排斥。而法律责任伦理则是企业的社会责任与法理学上的

"道德与法律""个人利益与社会利益""权利与义务"等范畴之间的密切联系。企业承担法律责任，是市场经济发展的内在要求。企业的本质是追求营利，创造最大利益，但就掌握社会大多数资源与财富的企业角色而言，应尽其积极的社会责任。企业法律上的社会责任是法定的、必须承担的责任，其特点是具有法定性和强制性，因而企业是否真正履行这种责任，直接涉及法律问题，属于法制性责任。企业要把履行法律责任的行为上升到法律道德意识的高度去认识，使法律的他律为道德自律。法律是落实企业社会责任的重要保障，企业社会责任的实行必须有多方法律机制的配合。企业伦理责任的作用在于能够协助法律手段，规范、制约企业的一些不符合伦理道德规范而又不违背国家法律的行为。法律上的企业社会责任包括以下几个方面：一是为社会提供就业机会。在企业的社会责任中，雇员、顾客和股东是最基本的，也是最直接的基础责任。其主要包括安全生产，就业机会平等和薪酬公平、反对性别、种族等的歧视、注重员工福利，雇员利益是企业社会责任中的最直接和最主要的内容。因此，这种就业机会必须是合乎法规的就业机会，例如在生产条件和劳动条件等方面必须符合劳动相关的法律规定，不能提供有害于就业者健康甚至摧残就业者生命的就业机会；就业机会必须体现责权利对等的原则，就业者应能在就业机会中获得自己应有的劳动收入和社会保障，而不是被克扣的应有收入和被无视的就业者社会保障的就业机会。二是为政府提供税收。企业可以合理合法地避税节税，但绝不能偷税漏税，因为前者是企业的合法权益，而后者则是企业不承担社会责任的不法行为。企业必须依法纳税，所有企业都应该充分认识到纳税是自己应该履行的法定的社会责任。三是为市场提供产品或服务。企业的这个社会责任关乎人们的生命和健康，也关乎整个社会的生活质量和经济生活的正常运转，因而要求它必须符合质量相关法律的要求，保质保量地为市场提供优良产品和优质服务，绝对不能搞伪劣产品和虚假服务。

在对韩国当代商业发展中的经营伦理考察过程中，我们不得不去回溯二战后韩国从百废待兴到20世纪80年代成为“亚洲四小龙”的经历，再到21世纪以来韩国商业潮流、文化潮流席卷东亚，深刻影响亚洲社会文化这一不争的事实。短短数十年，韩国经济的快速增长引起了世界各国的瞩目，其经济成就被誉为“汉江奇迹”，韩国也成为当时发展中国家的经济楷模。

正如美国知名学者克林·盖尔西克所言：“继承不是一件而是许多件事情。它不是在老领导人退休并把火炬传递给青年领导人的时候发生的单一事情，而是一个由发展的时钟推动的过程，这一过程从一些家庭的生命最早期就已经开始，并在各代的成熟与自然老化中得以继续。”[1]李尚圭的企业虽说在韩国不算大型企业，但是基于他本人在文化界、艺术界、教育界、慈善界的社会影响力，其企业在首尔相关行业中还是非常知名的。由于他本人深受中国传统儒家伦理思想尤其是“家国”文化的影响，使得其企业伦理精神在破除因循守旧和面临全盘西化的两难选择中不断碰撞，不断融合，不断创新。

第一节　韩国企业经营伦理发展的背景

法国大文豪巴尔扎克曾说：“对于会读历史的人来说，可以发现有一条令人赞赏的逻辑法则在发展着；在这一逻辑法则中表现了整个人类像一个整体一样活动着，像一个独一无二的精神那样思索着，并步伐整齐地实现其行为。”[2]中国传统伦理思想源远流长，其传播与发展形成了典型的儒家文化圈。韩国文化以儒家文化为根基，以人为本、集体主义、讲究社会伦理的传统秩序、重视文化教育等儒家思想对韩国社会产生了深刻影响。韩国的伦理文化，是与长期以来社会各界的关心和参与，特别是与国家推行儒家思想统治有密切关系的。儒家教导是韩国伦理思想的主流，对韩国伦理的发展有着

[1] 孙学敏等主编：《康百万庄园兴盛四百年的奥秘》，河南人民出版社2007年版，第194页。

[2] 宋希仁：《当代外国伦理思想》，中国人民大学出版社2000年版，第7页。

潜移默化的作用，更深入地影响了韩国人，使他们成为讲究道德、具有良好风尚的国民。儒学的传播、发展和应用，烙印在韩国人民的心中，融化到他们文明的基因中。所以，在韩国从内心真诚信奉儒家思想的大有人在，儒家思想甚至成为韩国社会思想的主旨，韩国伦理思想也成为“儒学文化圈”和“亚洲价值观”重要的一部分。

儒家思想在调节个人所面临的物质和精神关系方面的意义，也越来越为世人所关注。传统儒家思想在韩国社会实际生活中仍然起着某种调节社会人际和家庭亲族之间关系的积极作用。儒家的基本理念，诸如“君臣父子夫妇长幼朋友之大伦，修身齐家治国平天下之大经”“忠孝仁爱，信义和平”等，已经深深地根植于韩国文化之中，成为韩国民族精神的基石，而且一直延续至今。儒家伦理所强调的这种诚挚的忠诚于国家、社会和企业的思想观念是西方无法效仿的，而这种忠诚于集体和组织的伦理思想恰恰是韩国早期经济发展的重要动力。总的来看，儒家思想在宗法制度上尊亲相济、廓然大公，崇尚天人合一、和合生物，强调修身齐家、治世顺道，重视自强不息、厚德载物。不仅如此，道教与儒家精神还往往结合在一起，如忍耐、淳朴、知足、和谐、境界等，二者相得益彰，形成强大的精神力量。特别是宋明理学发达之后，这种独特地融合了儒道释的伦理文化对朝鲜半岛影响较大，也为后来韩国吸取西方文明成果，实现东西方伦理文化结合打下了深厚的基础。

从人类社会的发展进程中我们可以清晰地看到，社会伦理生活发展受制于社会经济、民族特性、政治生活、礼俗习惯等历史演变。东西方不同民族、国家发展经历了不同的社会形态和生产方式更迭，随着人类生产力的进步，逐步摆脱了人对人的依赖、人对物的依赖，特别是东方伦理思想进入了实现自由、秩序与平衡的时代，每一个人的自由发展是一切人自由发展的条件，个人的全面自由发展可以促进社会秩序实现更高层次的和谐共存。同时，我们要看到，对韩国经营伦理的认识离不开对韩国传统伦理思想的改造和挖掘。例如，“五伦”中“朋友有信”等思想对企业经营中诚信理念的塑造是一个最朴素的社会基础。另外，忠孝思想在民族伦理思想中始终是行为的基础，如我们在前文看到李尚圭的诗文中所体现出的忠孝情义，在其企业文化塑造中也有着明显的痕迹，忠孝是处理家国关系的基础，更是企业发展、社会稳定和谐的根本，深深地影响着大韩民族的民族性格。在韩国社会，“孝”的伦理思想依然在焕发着生机和活力，而且“孝”的伦理观念已经超出了家庭的范围和教育领域而转向了社会价值层面并渗透到社会的方方面面并发挥出了强大的文化张力，家族式企业在韩国经济起飞和社会发展过程中所起的巨大作用就是一个鲜活的例子。在韩国，由于受传统“孝”观念的影响，家庭的孝道被推及至企业中而形成了集团主义和团队主义的精神，在一些企业中上下等级秩序都十分明确，并由此产生了一种尊重权力、个人服从社会、步调一致的文化模式和理性结构，在此基础上就产生了为韩国现代化作出了巨大贡献、令西方望而生畏的家族式企业。与西方重视物质利益的关注点不同，在韩国等新兴的东亚工业化国家和地区的企业中，由于受“孝”等传统伦理道德的影响而主动关心人、爱护人，从而更多注重的是人的因素，有些学者将这一发展模式称为工业东亚。从企业文化的角度来看，家族式企业的内聚力更多地受到儒学“孝”等伦理思想的直接影响。在家族式企业内部体现着家长制管理的原则，企业主就是家长，企业人员都尊重与服从家长制的管理指挥，使企业形成团结、友爱、慈孝、尊长的内在凝聚力，大家为了一个共同的目标而和谐共进，有的学者把这种精神称之为家庭团队主义。其实，“孝”的伦理思想并不单单局限在家族范围内，把“孝”的外延扩大后可看出，“孝”乃是广敬博爱的道德基础。《孝经·广至德章》中也说：“君子之教以孝也，非家至而日见也。教以孝，所以敬天下之为人父者也。教以悌，所以敬天下之为人兄者也。教以臣，所以敬天下之为人君者也。”“孝”外延的扩大又导致了其内涵的加深，从而使其有了更为广阔的社会意义。《孝经》中云：“夫孝，始于事亲，中于事君，终于立身。”孟子亦云：“老吾老，以及人之老；幼吾幼，以及人之幼。”从这个意义上来讲，

"孝"便成了博爱的道德基础。在当代韩国，出口创汇产业被视为"孝子产业"，儒家的"孝"在韩国被发挥到了淋漓尽致的地步，"忠孝仁爱，信义和平"等思想已深深地植于韩国的文化之中。"孝"理念的扩大化理解，不仅实现了企业自身的腾飞而且也为国家的发展作出了巨大的贡献从而实现了双赢。

此外，我们还需要站在历史的高度看待当代多极世界的形成，理性地分析东亚形势和文化趋势的发展，和平与发展仍是当代世界伦理秩序的客观要求。当代东亚各国正处于经济大发展时期，都需要一个稳定的发展空间，更需要一个和平与稳定的东亚大环境。两极格局终结以后，未来世界的格局走向多极化是不可逆转的大趋势。在经济全球化的浪潮下，东亚各国相互依存关系加强。冷战结束后，东亚地区再没有爆发战争或内乱，这是东亚近 200 年来前所未有的划时代现象。韩国得益于经济全球化的发展，经济实力不断增强，但面临着一直以来存在的朝韩问题，在战略上，一方面加强持续了几十年的韩美双边同盟，另一方面采取与美国同盟和东亚各国积极对话的对外策略，积极寻求和平发展。从文化角度来看，美国学者亨廷顿的"文明冲突论"认为冷战后全球政治在历史上第一次成为多极的、多文化的，西方文明是独特的，多元文化的世界是不可避免的，文明的差异是今后国际冲突的根源。东亚各国由于历史、地理等渊源，在文化上有许多相同和相近的地方，加之其在不同程度上蕴藏了中华传统儒学的历史基因，在儒教文化圈形成了固有的文化传统和价值理念，经过历史的沉淀，已经在这一地区的人们心里留下了深刻烙印。虽然随着全球化趋势的发展吸收了大量西方文化，但东亚各国还是保持着求同存异、维持和平发展的文化基础。

地区社会的整体性和相互依赖性，要求人类超越国家、民族、文化、宗教和制度的差别，众志成城，协力合作，推进全球国际伙伴关系和人类精神文明进步。现实中，经常看到中东地区的紧张局势，逐渐增多的欧洲暴恐事件，被"国际化"的东亚南海东海问题，面对东西方伦理文化的交流，各种利益冲突存在并有扩展的趋势，人类道德理想的实现还需经过不断努力和斗争，总体来说，融合交流、求同存异仍是人类伦理文化发展的大趋势。伴随着经济全球化和互联网时代的飞速发展，国与国、人群与人群、文化与文化之间的交流日益增多，经济一体化、互联互通的途径多元化扩展，经营伦理、慈善伦理等核心思想也被具有后发优势的韩国社会有识之士所认可，并贯彻至生产、经营、消费等多领域，伦理的新秩序在兼容并蓄的基础上再次站在一个新的高度。一种具有民族特色、吸收历史精华、应时而变且和而不同的新伦理精神成为20世纪七八十年代韩国企业家矢志不渝的努力方向，构成了当时韩国企业界一道亮丽的风景线，而李尚圭及其企业的发展正是其中最具典型代表的成员之一。

第二节　企业经营之道

随着韩国经济社会的发展，李尚圭筚路蓝缕，带领亲人和朋友共同开办了高丽食品销售株式会社等多家首尔知名企业，该公司主要是向全韩国的高尔夫球场和度假村派送食品的销售运输公司。公司由韩国南阳乳业的一个代理店发展起来，创始人李尚圭先生在诚信经营的基本理念上，逐渐将业务发展到向全韩国的高尔夫球场出售和运输各种食品。其公司在生长过程中虽经历了IMF外换危机等艰苦时期，但最终还是获得了成功。

为了更好地管理与扩展公司业务，高丽食品贩卖株式会社最早在全韩国设立支社，目前公司在首尔市、南杨州市、利川市、梁山市等地均设有支社和营业所，形成了有规模、成体系的公司管理框架。公司目前主要与LG生活健康、CJ等韩国大企业合作。公司在经营上也有一些典型的特征：第一，尽量减少中间商，达到从生产企业到目的地的直通销售；第二，通过大量购入产品，把买入价格降至最低；第三，在新产品发布广告之前就提前将产品的经营权拿到并与深度合作企业达成销售协议。李尚圭在成功管理企业的同时，也热心公益活动，在中国多地设立奖学金帮助中国贫困的学子，这些活动已经持续 20 余年。不仅如此，他还积极将公司打造成为一个职工乐意工作的场所，同时，还在公司营造利于员工子女成长的环境，其商业经营之道也受到韩国多家媒体的报道和许多企业的效仿，成功的企业经营之道值得我们借鉴学习。

一、企业核心价值观奠定发展基础 >>>

（一）企业核心价值观的主要表现

在李尚圭推崇的企业伦理文化中，处于首要地位的是企业的核心价值观。他认为要把企业当成一个事业来做，就要目光长远，能高瞻远瞩，预测未来；要思路开阔，胸怀宽大，有容纳百川的海量，汲取别人的优点为我所用。李尚圭企业核心价值观的内容十分丰富。

首先，将企业视作一个团队。股东和员工有着共同的理想、共同的利益、共同的目标，大家只有团结一致，改革创新，加快发展，才能使股东得到丰厚的回报，同时增加职工的收入，提高其生活水平。建设出一个和谐的新企业，才能带动当地经济的发展，造福当地居民，才能为尽可能多的人带来福音，最终达到个人、企业和社会三者共赢、共同发展的大目标。

其次，关注企业利益相关者。不管是材料供应商，还是商品购买者，甚至最终的商品消费者，凡是与企业有联系的客户，都被纳入到了关注对象的范畴中。在原料购买—加工生产—成品销售—商品消费这条循环链上，大家利益相关，兴衰互依。只有把自身企业做大做强，大家才能利益共享，互惠双赢。所以企业这块蛋糕做得越大，处于这个链条上的每一环获得的实惠也就随之增加。

最后，注重与当地社会发展的互相作用。一方面，一个企业特别是特大型企业的发展程度，会直接地影响到所在地的经济发展和人民生活。另一方面，一个良好的经济社会发展环境会对企业的发展具有一定的带动作用。两者的关系并非此消彼长，而是互融互通的互相促进作用。这种互相促进具体表现为：一个发展态势良好的不断扩张的企业集团，可以为当地贡献可观的税收财富，使当地政府更有能力改善公共设施，改良生态环境，为所在地的可持续发展提供坚实的经济保障。而一个具有良好发展远景的地区环境可以为企业的发展带来不可估量的远期效应，为企业的长期发展打下良好的基础。

（二）核心价值观的独特性分析

第一，李尚圭对合力文化形成的促进作用。

李尚圭在企业经营的长期发展过程中培育、形成了独具特色、内涵丰富、价值观明确的企业伦理文化，即合力文化。合力，源自物理学中的概念，指的是一个力的作用和另外几个力同时作用在一个物体上时，则这个力就是那几个力的合力。当几个分力方向一致时，所产生的作用最大。李尚圭根据企业发展的实际把此概念引入到企业管理中来，并作为企业的核心理念。合力文化是将一切有效资源合理地整合在一起，向一个共同的目标快速推进的理念。它是以合力为核心价值观的企业文化，是奋发向上企业文化理念的核心、灵魂和基石，是企业在追求成功的过程中对其行为作出的价值判断及奉行的行为准则。它直接决定着企业的各种决策行为，关系到企业的取舍抉择、成败得失和绩效，关系到企业的生存能力和发展目标的实现，是企业的生存发展观，也是企业的经营理念和经营哲学。

具体说来，李尚圭推崇的以合力为核心理念的企业伦理文化的形成经历了三个阶段。第一阶段，提出了“质量第一，用户至上”的企业宗旨和“理想、纪律、勤奋、向上”的企业精神。经过一代人的努力，形成了“团结一致、坚韧不拔、力争上游”的企业文化；第二阶段，为了不断挑战自我、发展极限，践行努力服务社会的承诺，李尚圭提出了把企业文化称为制度性安排的理念，并提出了一系列的思想理念，使企业文化和经营理念得到进一步升华；第三阶段，面对新世纪的机遇与挑战，李尚圭根据企业快速发展的实际，提出了“迎接挑战、合力奉献”的合力文化理念，为企业发展奠定了坚实基础。

第二，合力文化核心价值观的基本原则、特征和本质。

合力文化的企业核心价值观遵循的基本原则是：人的价值高于物的价值，即以人为本；集体价值高于个人价值，即以和为贵；社会价值高于企业价值，即以诚为重。

合力文化的基本特征：开放、务实、合作、创造价值。只有具备开放的心态、务实的作风、合作的精神，才能为客户和社会创造出满意的价值，合力文化才有保证，合力作用才能发挥。实际上，企业合力文化的本质就是通过核心价值观协调各种关系，形成组织合力，整合内外部资源创造价值，使个人价值、集体价值、社会价值得以共同实现。

二、企业文化创造企业价值 >>>

在李尚圭的企业管理生涯中，对企业的经营一直秉持了这样观念：企业文化在企业的发展中占据着核心地位，是公司长久发展的精神指导，是公司的立足之道。企业文化内容中可以增加企业的长远目标，这样可以增强整个企业内部的竞争力与活力，使整个企业员工、领导都为之而努力、奋斗，提高其工作效率与进度，增强整个企业的工作动力。具体而言，企业文化对现代化企业经营的作用主要体现在以下几个方面：

（一）与企业管理关系密切

企业文化与企业管理之间存在着密不可分的关系，管理受文化制约，一定意义上讲，管理就是文化。在企业管理过程中，企业价值文化也是一种管理工具。企业文化是培训职工、增强凝聚力的良好手段，也是激励职工的动力之一。企业文化是企业进行改革创新、适应环境的思想基础，是公司对外宣传、提高声誉的有效工具。

管理随着文化的发展而发展。文化的发展方向、水平和模式影响和决定着管理的发展，而管理的发展反过来又反作用于文化。例如，企业文化是在一定的社会和文化背景下形成的、使企业得以生存的氛围，是企业长期战略得以实施的关键条件之一，形成后的企业文化又丰富了文化的内涵。正如东西方管理可以运用相同的管理技术，但其管理思想、管理理念、管理哲学却不同，其根本原因就在于其所依存的东西方社会文化基础不同。

（二）促进核心竞争力不断提升

企业的核心竞争力集中体现在核心产品上，而核心竞争力的形成是一个动态的过程，会随着时间的推移，产品档次、技术含量的不断提升而逐步完善。李尚圭主张企业应该形成独特的核心竞争力、有特色的管理模式和独有的企业文化相互推动的局面。在经营企业的过程中他反对诸侯经济、鸡头文化，消灭重复开发，在提倡开放合作的合力文化的牵引下，先后完成了售后服务流程的整合，市场销售的整合，结构生产的整合，备料生产的整合等等。资源的整合工作牵涉到方方面面的利益，所以很多公司都视整合为陷阱，就连美国著名管理界人士韦尔奇也曾说过，要改造一个公司，首先必须准备至少花 8 年的时间。国际上的一些知名公司在整合中也经历过大量的人员流失，最终以失败而告终。但李尚圭的企业却并没有陷入这个怪圈，并且是在整个大局稳定、人员稳定的情况下完成的，实现了销售收入、合同按期交货率和顾客满意度三项指标的显著增长。

（三）为管理水平的提升带来了勃勃生机

在企业发展前期，在管理方面做的事情是转变过去的陈旧观念，随着企业的不断发展壮大，李尚圭在管理方面的目标是注重企业文化的建立、完善管理制度。企业文化对于管理水平的提升主要体现在以下几个方面：首先，积极向上的企业文化理念认为管理也是生产力，管理水平的提升是企业快速发展的加速剂。高效、集约和注重实效的企业文化价值取向促进了以整合内部资源、形成竞争优势为目的的商业治理模式的全面确立。这种模式使管理幅度相对收缩、管理强度相对提高，并促进了相关企业的协同发展，为企业整体的持续快速发展提供了制度支持。同时，企业文化中强调“服务意识”的理念引导管理者和员工为客户和社会创造财富，使员工、管理者、所有者都能从中受益，这在一定程度上避免了企业内部的机会主义和利己主义的劣质文化倾向。管理水平的高效和现代化将使企业更加充分有效地配给资源，加快企业向现代企业管理的转变，加快企业做优、做强、做大的步伐。

三、企业文化构建的基本要素 >>>

企业文化的基本要素，是指企业文化系统各部分内容之间的时空顺序、主次地位与结合方式。对企业文化要素的划分，有着不同的观点。李尚圭在对企业文化构建的过程中，将其分为精神文化、制度文化、行为文化、物质文化四个层次。

（一）精神文化层面及其基础作用

企业精神是企业文化的核心层面。李尚圭将其视作为支撑企业文化体系的灵魂，是企业在生产经营中形成的独具本企业特征的意识形态和文化观念。企业文化中有没有核心精神，是衡量一个企业是否形成了属于自身的企业文化的重要标志和标准。它包括企业精神、价值观、经营理念、企业道德、行为准则等。

第一，价值观。企业价值观是指企业及其员工的价值取向，是企业在追求经营成功的过程中所推崇的基本信念和奉行的行为准则，是企业精神文化的核心。积极向上的价值观，能够引导员工把维护企业利益、促进企业发展看作最重要的工作，从而激发员工的工作积极性、主动性，增强企业的外部适应性和内部协调能力，从而使企业实现可持续的发展。

第二，企业精神。企业精神是指企业员工所共同拥有的思想境界和理想追求，是员工群体对企业的信任感、自豪感和荣誉感的集中表现形态。

第三，企业经营理念。企业的经营理念是对企业经营行为的一种根本指导，对企业的市场选择、定价策略、经营方式起着举足轻重的作用，因而企业在确立自身的经营理念时，必须考虑到企业文化背景对企业的影响力。

（二）制度文化层面及其引领作用

制度文化属于企业文化的中层。李尚圭将其制度文化视为对企业职工和企业组织行为产生规范性、约束性影响的部分。具体指的是具有本企业特色的各种规章制度、道德规范和职工行为准则的总称。主要包括企业领导体制、企业组织机构和企业管理制度三个方面。首先，企业领导体制主要包括企业领导方式、领导结构、领导制度，不同历史时期的企业领导体制反映着不同的企业文化。卓越的企业文化就应当建立统一、协调、畅通的企业领导体制。其次，企业管理制度主要包括企业的人事制度、生产管理制度、财务制度等一切规章制度。再次，企业组织结构主要是指企业建立的各项职能、相互关系及其组织结构，是为了更有效率地实现其目标。企业组织结构是企业文化的载体，不同的企业文化有着不同的组织结构。

强有力的企业制度文化是企业文化建设取得成功的基础。它既是人的意识和观念形态的反映，又是由一定物质形式所构成的。企业制度文化具有共性和强有力的行为规范的要求，对员工行为给予一定限制，从而协调企业生产，规范企业活动，提高企业运营效率，实现企业的远景目标。在达到“制度的文化转变”之前一定要先进行“文化的制度化”，强化执行意识、制度观念，坚持用严格的制度规范员工的行为，规范经营行为，使企业各项工作步入规范化、制度化的轨道。

（三）行为文化层面及其约束作用

行为文化在企业文化中处于浅层。李尚圭视其为具有较强约束作用的文化组成部分，指的是企业在生产经营、人际关系中产生的活动文化，是以人的行为作为形态的企业文化。企业行为文化不仅反映着企业的价值观和企业精神，而且它也不断地向人的意识转化，并影响企业精神文化的形成，最终转化为企业的价值观。企业行为包括企业家行为、企业模范人物的行为，也包括企业员工的行为。广大员工是企业的主体，人们最先接触到的是员工的服务行为、销售行为，以及产品本身透露出的设计或生产行为，然后才是对企业文化的逐渐感悟。同时，企业员工也是首先体会到企业的领导风格、管理方式和内部的人际关系，而后才能对企业文化产生感性的认识，因此员工的群体行为直接反映了企业的文明程度和整体精神风貌。

（四）物质文化层面及其保障作用

物质文化在企业文化中处于最外层，但是李尚圭则认为其具有较强的保障作用。物质文化是企业文化在物质方面的外在表现，是企业文化创建的物质载体。它主要包括企业名称、企业标识、产品结构和外表款式、企业生产经营环境、员工休息娱乐环境、员工的文化设施，以及企业文化传播网络等。作为企业，其价值就在于向市场提供能满足消费者或者用户某种需求的各种产品和服务，因此，产品和服务是企业形象的主要载体，优质的产品和良好的服务对企业形象的提升起着至关重要的作用。物质文化是企业员工的理想、价值观、企业精神的具体反映，所以尽管它是企业文化的最外层，但它却最直观地表现了一个现代企业在社会消费者心中的形象，是社会对一个企业总体评价的起点。

综上所述，李尚圭认为企业文化的四个层次是紧密联系的，物质文化是企业文化的外在表现和载体，也是行为文化、制度文化和精神文化的物质基础；行为文化是企业文化最关键的“外显化”环节，是对制度文化和精神文化的反映；制度文化则约束和规范着物质文化、行为文化、精神文化的建设，只有严格的规章制度，企业文化建设才具有强有力的保障；精神文化是形成物质文化、行为文化和制度文化的思想基础，也是企业文化的核心和灵魂。

四、企业现代化经营的伦理文化支撑 >>>

李尚圭的企业文化建设经验体现了推行以合力文化为主要内容的企业文化建设是提升全体员工素质尤其是思想道德素质的过程，它不仅涉及管理制度和企业机制的优化、管理文化和伦理道德的重塑，还涉及组织机构和股本结构的变革等，是一项巨大的系统工程。

（一）管理：推行合力文化的主线

首先，推行合力文化有着深远的现代化管理革命背景。现代化的管理革命要求现代化的管理需要从利用标准和制度促使人“更勤奋地工作”到运用知识和智力激励人“更聪明地工作”；从以等级为基础、以命令为特征的“金字塔”组织结构过渡到紧凑、富有弹性的、新型的扁平化组织结构；从人是机器和规章的附属物发展到人是机器和知识的生产者，上述转变看似平常，但是其实存在较大的难度。

其次，管理革命催生了文化管理模式的兴起。知识经济社会给我们带来的不仅是科技革命和知识革命，这场基于信息技术变革的管理革命改变了从工业时代 200 多年来沿用的生产管理体制和模式，建立了一种能够适应信息化、网络化、集约化要求的新模式和新的管理体制——文化管理模式。也就是说，通过建立共同愿景把大家凝聚在一起，通过建立强有力的、浓郁的企业文化，突破传统管理模式中那种以解决现实问题为着眼点的短视行为，注重企业的长远利益，使企业不断壮大和发展。可以说，文化管理不仅是一种管理方法，更代表了企业灵魂的价值导向，反映了企业的精神气质，是企业生生不息的源泉。通过推广合力文化，并将其纳入企业管理领域，提高了管理的艺术性和灵活性，使企业经营达到事半功倍的效果。如何在推动合力文化的同时进一步有效地进行企业管理模式的改进，需要从以下四个方面进行思考：

第一，合力文化要求实施“权责分明”的绩效考核体系。引入经济增加值（Economic Value Added，EVA）革命，推行 KPI 考核，实现力的战略牵引。李尚圭推行的考核分配体制，借鉴了目前国际上普遍实行的“平衡记分卡”绩效测评方法，同时引入了经济增加值概念，采取关键业绩指标考核。将员工收入、经理收入与经济利润直接挂钩，真正做到了权、责、利的紧密结合。从考核制度上牵引员工、管理者和所有者形成合力，力图让管理者和员工为客户、股东和社会创造财富。

第二，合力文化要求实现动态性的管理人员述职制度。李尚圭引入“以中期述职报告为核心的绩效改进体系”，通过中期述职报告将绩效考核变成一个管理过程，促进内部管理的提升和凝聚力，塑造精英团队。中期述职制度对于企业经营管理的作用主要体现在三个方面：其一，为员工之间形成优势互补提供平台。员工之间相互提供并分享经验与教训。述职者总结提炼出日常工作中的三项主要教训、三项主要成绩，并进行有针对性的交流，这样就可以达到大家共享信息和经验的目的。其二，对客观环境及竞争对手的状况进行分析。管理人员找出问题后提出绩效改进方案，知道下一步应该做什么，使绩效变成一个动态调整过程。其三，为绩效考核过程中的绩效改进过程提供支撑，使整个企业变成一个支持服务系统。这套体系的目的是要把对关键绩效指标的考核变成一个动态过程，这也是学习型组织的一种方式，它使得绩效考核过程变成了一种学习的过程，变成了员工自我开发、加强部门内聚力的有效手段。

第三，合力文化要求抓住问题的主要矛盾。资源配置向主业集中，推进非主业单位的市场化改制，握紧拳头提高主业的核心竞争力。全面推进集团非主业单位的市场化改制，剥离和释放非主业资源，将资源配置更加优化集中于主业而且避免重复投入，着重提高主业的核心竞争力。李尚圭将自身企业的优势资源集中在主业方面，塑造的企业核心竞争力具有价值超越性（公司可以比竞争对手更好更快地为客户创造价值和利益）、独特性（其他企业所不具备的或至少暂时不具备，是公司成功的关键因素）、难以模仿性（是公司在长期的生产经营活动过程中积累、沉淀下来的专长，其他企业难以模仿）、不可交易性（无法与其他生产要素一样通过市场交易进行买卖）、难以替代性等特征。随着产品生命周期的逐渐缩短与企业经营的日益国际化，企业竞争的成功主要依赖于核心技术、开发新产品与开拓新市场等核心能力，而这正是公司资源配置方面合力文化的体现。

第四，合力文化促进团队协作和共同创新发展。消除研发组织壁垒，使跨部门团队合作成为日常工作方式。推进了科研管理的集成产品开发模式，以科研、工程、生产和经营目标为中心，推进了人力资源优化配置和机构重组，最大限度地满足用户和市场的需求，统一四个平台，即：技术平台、市场营销平台、制造平台、管理平台。从组织结构、共同利益和信息共享上创造了统一环境，避免内部无序竞争。在合力文化牵引下，打破产品界限、打破部门界限、打破“主权”界限，创造技术无边界的环境和分工协作的环境，通过强强联合与跨部门合作，知识和资源的共享，技术的不断创新，进而提高核心竞争力。

（二）股本结构合理化：推行合力文化的基础

21 世纪的竞争是科技的竞争，而科技的竞争归根结底是人才的竞争。现代企业的发展对人才的需求和依赖性越来越强。企业的科技水平、人才的数量和质量在一定程度上代表着企业能否走向成功的关键问题，人才是企业科技进步、创造力和活力迸发的关键所在。如何扩大企业的人才优势，重要的方式就是建立一套长期有效的薪金体系和激励机制。进行股本结构的多元化，实施员工持股计划，使员工成为企业的主人，进一步完善法人治理结构，奠定企业做大做强的经济基础。

员工持股后其身份具有双重性，他们既是劳动者又是股东，从而彻底改变了传统行业中员工的价值观，企业经营状况的好坏既与员工的工作效率、职业素养有关，又与员工的切身利益密切相关。因此，持股后的员工在工作中会变得高度投入，自觉约束自己，使自己的言行与企业的经营目标相一致，并将自己的利益与企业的利益牢牢地捆绑在一起。企业经营的好坏不仅直接影响到员工的工资收入，还直接影响到其分红收益，企业与员工形成了“产权—责任—利益”的纽带关系，员工会意识到自己不仅在为国家和社会劳动，也是在为自己劳动，员工对企业的经营、财产安全也就更加关心，工作更有积极性，更加热爱企业，自觉为提高企业的经济效益出谋划策。因此，该举措有效调动了员工生产劳动的积极性，增强了企业的凝聚力和向心力。

在合力文化氛围中，员工们能够潜移默化地接受企业共同的价值观，在文化层面结成一体，并通过自己的切身感受，对企业产生认同感和归属感，把自己的思想、感情、行为与整个企业联系起来。通过核心价值观，协调各种关系形成组织合力，整合内外部资源形成价值，把有效的资源发挥出最大的作用，并能够创造出超乎想象的经济效益。

（三）发展：推进合力文化的动力

对于员工个人而言，发展意味着机遇的提供、价值的实现，同时，对于企业整体而言，良好的员工个人成长是推进合力文化的动力。进入 21 世纪，企业与员工的关系从“屋顶”走向“土壤”。所谓的“屋顶学说”，就是员工到公司上班，领取公司的薪水，公司提供许多资源，让员工在公司里成长；“土壤”关系则是公司有很多资源灌溉土壤，所有的员工在这片土地上自然成长，接受风吹雨打，能够长多高就长多高。这种“土壤学说”符合了人性中的高层次需求，它培植了满足人性的发展土壤。用马斯洛的话来说，就是从人的天性中可以看出，人类总是不断寻求一个更加充实的自我，追求更加完美的自我实现。从自然科学意义上讲，这与一粒橡树种子迫切地希望长成橡树是相同的。在现代企业中，尤其是知识密集型的高新技术企业中，员工由于其所处环境与所受教育等方面的原因，也延伸出具有特点的个性及需求：他们具有较高的知识层次，较强的工作能力，拥有一技之长，因而可以有更多的工作机会。他们期望通过一种创造性或是挑战性的工作来体现其自身的价值，他们在通过自己的工作获得物质地位上的满足的同时，更注重企业能够给自己提供什么样的舞台，是否有规范化的激励制度及能够认同的企业文化。

发展为合力文化推进提供动力支撑。李尚圭也认为，一个公司的成败主要取决于公司能不能充分发挥蕴藏在职工心中的工作积极性和进取精神，是否能够努力使员工团结在一个共同的事业和目标之下。企业强大的发展将带动员工个人发展动力的提升，促动了共同价值观形成的基础，形成了有效的文化管理模式以及共同发展的目标。如果企业能够把员工看作是同舟共济的“伙伴”，那么，每一个员工都会产生一种“这是我们的公司”的主人翁意识，在企业这个共同体上，就会形成把个人生命价值与企业经济价值融为一体的精神，使每个人的工作体验不是“要我做”而是“我要做”，不是被动服从而是真诚投入工作，从而在企业中充分发挥个人潜力、施展才华，并汇聚强大合力，在追求企业发展目标的同时实现自我价值。

总之，在合力文化的牵引下，李尚圭在企业发展的过程中通过整合各种资源，重点项目开发有了重大突破，新产品研发周期大大缩短，减少了人力资源的浪费，提高了项目成功率和产品效益，合力文化建设更是得到了员工的高度共识，企业内部形成了一个团结、融合的新局面。

五、企业经营的实践价值 >>>

李尚圭成功的企业经营经验为现代企业发展提供了实践案例，尤其对一些刚刚发展起步的企业而言，其成功的经验更具有借鉴意义。接下来将从微观和宏观两个层面来分析李尚圭企业经营之中的实践价值以及对其他企业发展所能够提供的借鉴之处。

（一）微观层面上，依“点”着重发力

第一，发挥企业家的率先垂范作用。

李尚圭清楚地认识到企业家是企业经营模式的设计者、宣导者、亲身垂范者，其个人素质、学识、道德品质等直接影响着公司的精神气质与企业经营方式，这也被称为企业家精神。美国管理学家彼得斯和沃特曼指出："一个真正的领导必须同时是两种截然不同的大师：他是思想的大师，善于把握高度抽象的思维逻辑；又是行动的大师，善于处理最世俗最琐细的事物。"[1]

企业家的一言一行均为组织成员学习的榜样，是一种无声的号召。因而，企业家的率先垂范在企业中备受瞩目，其表率作用无疑是巨大的，可以起到"事半功倍"的作用。企业家要善于运用其在企业中所处的特殊地位，例如决策权、指挥权和支配权等，但更主要的是要运用价值观念、品格因素、行为方式等来影响员工，全身心地实践自己认同的价值规范体系，真正做到言行统一、亲身垂范，使自己成为员工仿效的行为规范楷模。

因此，李尚圭认为领导干部要从具体的事务性工作中抽离出来，不断学习，提高个人修养，并聘请外部管理机构，从本企业实际出发，把自己的价值观、经营哲学融合到企业文化中，在内部不断宣传强化，引导员工积极参与，获得员工的认同，进而达到规范员工行为的目的。反之，如果领导不身体力行，就会使企业文化流于形式、陷入空谈。

第二，树立人性化的企业发展理念。

从企业经营发展的角度来看，人性管理的发展理念，具体表现为注重员工整体素质的提高，拓宽引进、培训专业管理人才的渠道，并给企业的健康发展提供良好的人员保障。具体的措施落实需要做到以下几个方面：首先，在员工整体素质提升方面，要训练员工，使其练就较好的心理素质，具有更好的包容性，不固守之前的管理模式，不排斥新型的人性化管理模式，提倡企业尊重和关爱员工，员工之间相互关爱。其次，企业人性化管理方面，企业要想实行人性化管理，要引进管理方面的人才，同时加强整体员工在人性

---

[1] [美] 托马斯·彼得斯，罗伯特·沃特曼:《寻求优势——美国最成功公司的经验》，中国财政经济出版社 1985 版，第 141 页。

化理念方面的认识，特别是提升管理人员的素质。最后，保持人性化管理的长期有效性。在具体的培训过程中不但要培训员工的专业知识，更应让员工掌握学习的能力，只有掌握了学习的能力，人性化管理理念才能在员工之间树立起来并且使人性化的意识越发强劲，才能有更多实现人性化管理的途径和方法出现。李尚圭认为没有了学习能力和灵活运用的能力，灌输再多以人为本的理念，也只能是一片死水，最终会干涸殆尽。

第三，加大部门间的技术性流动。

企业管理模式的改进，离不开企业所有部门的通力合作，也需要其他部门技术方面的大力支持。只有加强了部门之间、部门内部各个个体之间的技术性流动，才能使企业管理更加顺畅。部门之间的技术性流动在人力资源部门和 IT 部门所呈现的效用最为明显。首先，就人力资源部门来讲，需要专业的人事专员对引进的专业性人才进行背景、资历、能力开展技术性的调查，确保是可用之才，且能有较大的进步空间。而人力资源部门中负责培训体系构建、过程实施的员工，需要针对管理方面设计合理有效的培训方案，改变传统的培训方式，培训实施的过程应该更加具有互动性，寓教于乐，使培训内容更加丰富，培训方案更具现实性和实用性。其次，需要集团 IT 部门对企业管理模式改革提供信息化的技术支持，在保证计算机、互联网、邮箱系统以及培训设备可用的基础上，充分发挥它们的作用，同时还要利用互联网平台或者邮箱系统，建立专门针对管理模式改进效果的意见和建议方面的反馈模块。通过人事部门、IT 部门，以及其他后勤、行政的技术保证，使管理模式的改进能顺利进行，使改进后的生产流程能更具科学性、合理性，以求在最大程度上减少管理模式改进失败的可能性。

（二）宏观层面上，靠“四个方面”广泛关注

第一，完善企业文化建设。

企业文化的建设与新型管理模式的建设相辅相成，企业文化的建设为企

业管理模式建设提供精神动力和人文情怀方面的参照。

广义的企业文化建设主要包含了以下四个方面，企业物质文化建设、企业行为文化建设、企业制度文化建设和企业精神文化建设。在本节中，主要取狭义的企业文化建设来讨论，即企业精神文化的建设。企业的基本宗旨、方针和理念是企业精神文化的集中体现。为了给建设人性化的管理模式提供精神动力和人文情怀方面的参照，企业精神文化在重新构建时，就要考虑到“人”这一基本要素在企业中的重要作用。

结合人性化管理的要求，在精神文化建设时，也可以从以下几点出发，比如公司的宗旨要在回报社会的同时体现出回报员工；在公司精神方面，要着重强调以人为本；在人才观念上，要体现出对员工的培训和潜能的激发；在工作理念方面，可以详细注明认真敬业、主动高效可以为员工带来的奖励和福利等，鼓励员工更努力工作，承担更大的责任以享受更多的利益。

第二，树立正确的企业经营理念。

企业经营理念是企业管理模式建设和转变的方向保障。管理模式的架构和管理行为的实行都要以经营理念为核心，因此想要建设和完善企业管理模式，改变经营理念是关键。李尚圭认为，建设以人为本的管理模式需要从经营理念的三个基本方面做出改变，即要从人性化的角度重新看待组织环境、组织责任和完成该责任所需的竞争力的认识。对应以上三点，分别需要建设起尊重人、关心人的环境氛围，在员工得到尊重和关心的基础上增强员工的责任感，同时把建设人性化组织作为目标之一，意识到企业核心竞争力在于人才的竞争，这样才能更好地重视人才，激励人才，真正实现人性化的管理模式。在改善企业管理模式时，为了建立人性化管理模式，企业主要应从以下几点入手：

（1）把人本管理理念确定为经营理念的关键点，努力而高效地宣传以人为本的观念；

（2）高层经营管理者要尊重和主动关心鼓励下属员工，身体力行，践行人本理念；

（3）员工日常工作行为要注意是否符合人性化要求，将是否符合人性化管理模式作为员工考核标准之一；

（4）在有其他不利条件时更加严格执行人性化管理理念。

第三，规范企业行为制度。

企业行为制度约束企业日常生产、经营行为，同时也约束管理行为，规范企业行为制度是为了给企业管理模式的实施提供原则保障。企业制度是指在一定的历史条件下所形成的企业经济关系，包括企业经济运行和发展中的一些重要规定和行动准则。为了建设人性化管理模式，在制定和实施企业行为制度时需要注意如下两点：

（1）企业行为制度制定要统一、公平，“不患寡而患不均”。因此只有制定公平公正的企业行为管理制度，才能让员工信服，只有信服公司的管理，公司在推行人性化管理时才会更加顺利；

（2）制度在执行时要严格，因为制度制定时本身就已把人性化因素考虑在内，严格执行制度也就是在积极进行人性化管理。如果执行时不严格，那么很容易与初衷背道而驰，成为人性化管理模式，反而容易使员工觉得公司管理体系没有应有的威严，也就不再会信任这样的制度体系。

第四，优化企业组织结构。

企业组织结构是否精简高效是管理模式的建设能否得以顺利实施的关键，优化企业组织结构是为了给企业管理模式的实施提供优秀的组织保障。企业朝着经营目标去发展时，需要企业领导和员工以特定的组合方式来实现分工、协调与合作，这样特定的组合是整个管理系统的“框架”。因此，当企业的发展战略有所改变时，企业的组织结构必然要跟着做出相应的改变。具体到实行人性化管理模拟的问题上来时，不但需要优化具有管理职能的部门和组织，使之更加精简、灵活，同时在整个企业组织大框架内，也要尽可能地删除冗余，这样人性化的措施才能更加快速地执行，有关人性化管理的反馈才能及时被收集上报。企业内部机构更容易在遇到困难时做出调整。在重新构建人性化管理模式的组织机构时，需要按照以下具体的方向来执行：

（1）适度细化部门，做到分工明确且不能过于繁杂；

（2）履行职能时强调专业化；

（3）管理模式尽量统一，各组织各部门可以有自己的管理特色，跨度不易过大；

（4）将管理权细分，该下放的下放，该集中的集中；

（5）组织结构一旦确定，不宜有大的变革，否则很伤企业的元气。

第三节　经营伦理理念的特质

一、诚信经营与敬爱他人 >>>

诚信是指诚实守信，敬爱即尊敬爱戴。诚信和敬爱是儒家文化思想中非常重要的内容。诚信主要指不虚伪、言行一致，诚实待人，这种思想源于古代中国人民关于自然秩序的理解，人们认为自然秩序是真实起作用的社会存在，人们之间的伦理关系也应该像自然秩序一样真实，不虚伪。“诚者，天之道，诚之者，人之道也”[1]。韩国人也认为诚信是人与人之间重要的伦理原则，有了诚信，人们之间才能形成真正的沟通。失去诚信，人将不能立于社会。诚信是正直和信任的基础，因此，李尚圭认为诚信是企业家行为准则的精髓，是人之为人的关键。成功的企业家必须有躬行之心，首先是一个诚信的人，才能够成就大业。诚信乃修己达人的根本，也是意志和奋斗的动力。敬爱之意是诚信的外部表现，中国传统讲究仁义，但传到朝鲜半岛后，结合其民族特点，更多地被理解演变成为敬爱他人，也就是说在待人接物中要真

[1]《中庸·第二十章》。

正做到仁义礼智。随着全球化的加剧和西方伦理观念的冲击，韩国政府极力呼吁尊重和发扬传统的伦理观，树立新的国民理念离不开固有的传统伦理。李尚圭也认为诚信和敬爱是积极的、向上的，也是现代企业发展中必须遵循的，毕竟企业在西方发展过程中，与人的态度问题始终是一个大问题，诚信和敬爱正是合理解决这一问题的科学原则，也是企业发展的道德行为规范。在企业发展中，个人利益与社会利益是一致的，非对立的。追求自身利益本身就包含有社会利益和他人利益，任何为他人利益的活动实际上也是从利己的角度出发的。人们只要遵循诚实守信、合作共赢，就能够有序协调个人利益与公共利益。企业与企业之间，或企业与社会之间的诚信合作关系能够提高企业效率，促进资源能源在生产、交换、分配、消费这四大环节中有效地利用，克服效率低下和无端浪费。一个企业的发展跟社会大环境是息息相关的，企业的进步与社会中对资源的科学分配，对最新技术的尊重，对公平正义社会环境的培育等都是相关的，特别是要营造一个充满敬爱的社会环境。只有这样才能更好地、自觉地发挥主动性和积极性，树立和发扬传统的“诚”“敬”思想并自觉地应用起来。

李尚圭认为，在新的历史机遇下，面对新时代的新要求，仍然要存有以信仰为底色的虔诚和敬畏之心，热爱自己的工作，将手艺和技术的陶醉、痴迷与精益求精倾注入于产品和服务中。它包含对自然、德律和用户三个方面。

第一，所谓敬畏自然，就是顺天行事，绝不逆天而行。敬畏自然，指按照自然规律行事，不要违背和破坏它。在旧石器时代，人们就敬畏太阳神；在新石器时代，人们敬畏自然神；在农耕时代，人们敬畏祖先神。这种对“神”的敬畏其实是一种原始的自然之敬，人们对此顶礼膜拜。敬畏就像延续在血脉里的基因被人们代代传承下来，在行业中，木匠们敬鲁班，造纸行业敬蔡伦，救死扶伤的医者敬华佗，从事教育的敬孔子——每个行业都有自己所敬畏的“神”。但后世这种将人神化并加以敬畏的做法，逐渐演变成对自然的不信任，因此有人常把人与自然对立起来，宣称要征服自然，殊不知在大自然面前，人类永远只是一个天真幼稚的孩童。如果说自然的智慧是大海，那么人类的智慧就只是大海中的一个小水滴。正所谓你可以和任何竞争对手对打，但你一定打不过趋势，没有人能打得过趋势，这与“风口论”是一回事。因此，经营企业要对自然、对趋势的来临怀有敬畏之心，遵循自然规律，要符合发展趋势，绝不能违背它。

第二，所谓敬畏德律，就是严格遵从道德与法律。遵守德律是做人的基本要求，是起码的责任心。康德在其《实践理性批判》的结尾中提到：“有两种东西，我对它们的思考越是深沉和持久，它们在我心灵中唤起的惊奇和敬畏就会越历久弥新，一个是我们头顶浩瀚灿烂的星空，另一个就是我们心中崇高的道德法则。”习近平总书记就我国历史上的法治和德治问题，在进行第三十七次集体学习中也强调说，法律是准绳，任何时候都必须遵循；道德是基石，任何时候都不可忽视。法律是成文的道德，一种强制性的道德。不论是地方性法规，还是国家根本大法，都清晰明了地写着作为一名合格公民的权利与义务。没有规矩不成方圆，而法律就是一种规矩，我们离不开法律，法律是底线的道德；而道德是内心的法律，一部自律性的法律。道德叩问人们内心的良知，是遇到矛盾争执时头脑里那个正义的一方。有道德于心中，以德修身养性，让一个人能够是非分明、平和坦荡。脱离道德与法律的约束，背弃社会主义核心价值观，无视诚信、公平、正义，就意味着脱离社会。人是一切社会关系的总和，事实上身处在复杂多变的社会中，没有人能脱离道德与法律的约束。一个违背道德与法律的企业或个人无法在当今社会立足。如果道德败坏了，趣味也必然会堕落。人们应当敬畏法律、崇尚道德。这不是戴着镣铐的舞蹈，而是在搭建的有边界的大舞台上，遵从内心跳出真善美的舞步。

第三，所谓敬畏用户，就是把用户当作企业的衣食父母，它是一切经营活动的原点。李尚圭认为，一个企业如果没有对市场、对用户的敬畏，就没有真正做到完全在创造用户价值，而只是为了利润，久而久之这个企业就会做不下去。用户是企业的衣食父母，没有用户就没有企业存在的理由。当企业敬畏用户，认认真真做好产品，对用户以严肃、谨慎的态度和敬畏之心对待，企业的利润也会随之而来。即当企业敬畏用户，用户就会回报企业；当企业欺骗用户，用户便会反噬企业。总之，对用户保持敬畏之心是企业持续发展的根本。倘若一味地追求利润，而忽视用户的价值，或者欺骗用户，利润也必将失去，甚至会遭灭顶之灾。

二、人本理念与守正出奇 >>>

人本思想是企业管理中的基本思想，以人为本更是企业伦理中的重要原则，对人的态度是企业成败的关键。李尚圭在其企业发展中始终重视人这一主要因素的作用，树立了正确的"人—我"观。如果说过去是谋事在人、成事在天，现在则应该谋事在天、成事在人。在韩国社会经济发展的过程中，人的异化问题始终是一个躲不开的问题。随着经济的发展，有些企业将人与技术构成、人与财富拥有等量齐观，使员工或消费者这些主要的利益相关群体中的人失去了尊严和独立的人格，有些企业将利润或金钱的地位抬高到压倒一切，极力贬低精神价值，使人失去了应有的尊严和地位，人的使用越来越随意化，人膜拜于金钱的脚下，异化问题越来越严重。人本应是万物的主人，万物本应是人作用的对象，但是在机器的高频率使用时代，人却成为机器的附庸——"机器的延伸"。在产业化的企业中，人失去了自由和尊严，丧失了个性与社会地位；在商品化的时代里，人们的行为被广告、媒体、时尚所支配，成为外在物和时代的奴隶，在企业中人们的行为和思维方式也出现了前所未有的"统一"，久而久之，人们就失去了自己的个性和思考，失去了主体性和独立性。

李尚圭认为人是天地之主人，万物之灵长，人比物贵，要以人为重，因此他在企业管理中很多时候都会将精力和利润分配给员工。人是理性的存在物，是改造社会的行为主体，是变革企业的动力之源，是社会发展的主力军。人不仅能超越自身，更能超越自然，认识并掌握自然规律。人不是被动的社会存在，而是有计划、有目的的改造对象、具有能动性的社会存在。因此，对于企业来说，人的重要性怎么强调都不为过。正是看到社会激烈的竞争促使人的异化现象，李尚圭更加坚定要守正出奇，坚持大韩民族传统文化，树立民族独立性和主体性。任何一个民族的传统文化都是在长期历史条件下形成的，凝聚着民族的思想精华，是社会各个方面的思想结晶。从民族传统中能够汲取积极的价值观，树立民族的独立性，端正人的价值与物的价值之间的关系。物是实现人的价值的必要手段和重要工具，没有物就不可能体现人的价值，不能盲目否定物的价值，但是更不能单纯抬高物的价值来压低人的价值，否则社会中人的价值与物的价值的地位与主客关系就颠倒了。只有充分保障人格尊严和自由平等的权利，人的价值才能得以充分体现，社会上残酷竞争和互不信任的关系才能改善。虽然身为企业主和资本家，但是李尚圭反对利用手中一切物质生产资料来剥削劳动者价值，他也极力通过各种方式来“反哺”生产者在资本主义生产关系中所丢失的自尊、自爱、自信、自强等主体性价值和社会价值，力争促进员工人格自由和各方面素质的全面提升。

李尚圭的人本理念除了贯穿于企业管理中，还体现在他的企业经营之道中。

一是重视人本管理的重要意义。人本管理是一种以人为中心的管理，需以人性的管理为中心，把企业中的员工当成是企业中最为核心的资源，在人力资源的具体管理过程中，紧紧围绕人的需求和行为开展，目的在于最大限度地激发员工的积极性和创造性，从而实现为企业组织目标服务的科学管理方式。不难看出，人本管理的核心在于对人的积极全面把握，突出人在企业生存和发展中的重要地位。作为一种备受推崇的管理理念，人本管理对于企业来讲具有不可忽视的重要意义。从企业管理的具体实践也可以看出，在竞争日益激烈的市场经济条件下，不论是企业市场核心竞争力的培育和强化，还是企业市场优势地位的保持，都离不开企业员工的支撑。人力资源，尤其是人才成为决定企业生存与发展的最为关键的因素。如何吸引人才、有效利用人才、留住人才成为企业管理中最为重要的问题。而人本管理中以人为本的核心理念，将人置于最为核心的位置，对于人的重视上升到全新的高度，有利于真正地调动员工的积极性和主观能动性以达到良好的预期效果，这与当前企业管理的重点不谋而合。因此，对于企业来讲，在积极推进现代企业制度建设、实现企业管理制度化的过程中，应转变管理理念，重视人本管理，打造以人为本的管理理念，站在员工的立场和角度，关心员工、为员工着想，从而将人这一资源的主动性、创造性与积极性给予充分施展，推动企业发展。

二是全面把握人的本质，尊重人性，尊重员工。企业人本管理作为一种管理思想，对其正确的把握和切实推进企业人本管理，需重点把握人这一资源的特性及其不同于其他物质资源的需求。首先，根据人性论的相关理论，经济人、社会人、复杂人等理论都在一定程度上对于人性进行了阐述。而在当前企业对于人的管理中，更要认识到人性的复杂，员工既有积极、勤奋、主动的一面，也有懒惰、消极的一面，要正确看待，同时给予积极引导，最大限度地激发员工积极主动的良好一面为企业发展做出更大的贡献。从某种程度上来讲，顺应人性的管理才是最佳、最有效的管理。因此，企业在管理过程中，要尽可能避免将员工看成是自私自利的经济人的假设及由此导致企业管理以惩罚为主的管理模式，相信人的本性、价值、自我实现及蕴藏的巨大潜能。其次，企业工作是由许多员工共同承担和完成的，每个员工都有着自己不同于他人的个性，在以人为本管理理念的贯彻中，只有尊重员工、认同员工，清醒地认识到员工作为一个有所追求并致力于自我实现的独特个体，站在员工的视角，承认人的价值与尊严，才能从根本上把握住人本管理的核心。只有员工真正地感受到来自企业的重视、尊重与关怀，才会真正地发自内心地站在企业发展的立场，为企业的发展做出更多的贡献。因此，尊重员工是人本管理的必然要求。最后，根据需求层次理念，企业管理过程中要从客观发展实际出发，准确对待员工个性化的需求。从员工真正的需求出发，创造更多有利条件，以满足员工各方面的需求，包括物质需求、自我实现、自我满足的需求等，从而有效调动员工的积极性和创造性，实现个人发展与组织发展的相互统一和有机结合。

三是营造良好的企业文化氛围。企业人本管理运行机制的建设离不开以人为本先进企业文化的打造。企业文化作为一种软实力，既是企业核心竞争力的体现，也是进一步强化企业市场优势的重要保障。企业人本管理的实施，需要良好企业文化氛围和环境的支撑，需要企业更加重视现代企业文化的建设与营造。首先，结合企业实际，尤其是对企业未来长远发展和优良传统进行总结归纳，提炼出富有特色的企业文化，凸显出企业应有的特点和个性，真正地体现出企业的发展实际、行业特点、价值追求等，并通过多种渠道和各种方式在企业内部进行广泛的宣传，提高员工对于企业文化的认同和认可度，才能内化为员工的自觉行为。其中，关于以人为本企业文化培育的具体方法、内容和方案的制定只有基于企业的具体实践，才具有可操作性和实际意义。其次，企业文化的建设并不是仅局限于口头的宣传，而是要将企业文化中最为核心的部分，包括企业所提倡的经营理念、价值观等融于企业的管理制度建设中，从而将企业文化所提倡与倡导的理念和精神贯穿和渗透到企业管理的每一个环节和层面，实现管理制度化与管理文化的有效对接，推动企业管理的升级。再次，企业文化建设中，尤其重要的是企业中相互尊重、相互信任、互爱互助、团结协作的企业精神的培育，以此凝聚人心。企业管理层要身体力行，将员工利益放在第一位，积极主动关心员工，激发员工潜能的发挥，营造以人为本的良好氛围。

四是进一步优化人力资源配置。人本管理的最终目的就在于员工积极性的有效调动和主观能动性的充分发挥，以提升企业人力资源效用，从而促进企业目标的实现。而企业中所有员工都处于相应的岗位承担相应的职责，因此，企业人本管理的实施要根据企业内外部环境的变化进一步提高企业人力资源配置水平，有效合理配置人力资源，提高员工与岗位的匹配程度，保障各适其位，使员工在其岗位上能够发挥其优势并满足自我成长的需求。首先，善于识别人才和发现人才，知人善用，根据能力对应的原则，用人所长，将员工放置到最适合其发展的位置，使员工能够以较高的质量和水平完成任务，又能在工作中满足自我成长和提升的需求，并为个人的职业发展奠定良好的基础。其次，根据员工个人需求，设置相对具有一定挑战性的具体目标，激发员工的积极性，同时通过完善的激励约束机制，根据绩效表现给予相应的激励或惩罚措施。最后，做好考核检查工作，及时发现员工工作中存在的问题，并根据实际情况提出相应的指导措施，包括岗位的调整、培训力度的加大等，推动员工绩效的改进和能力的提升。在这一过程中，良好沟通交流机制的建立健全是关键，确保员工能够进行积极表达，既有利于和谐良好企业氛围的形成，也能够让员工真正切身感受到企业的人本管理思想。

总之，一支富有朝气、积极向上的优秀员工队伍是企业生存和发展的根本所在。人本管理作为一种管理理念与管理哲学，只有具体落实到企业日常管理行为中才能凸显其效果。而不论是在企业制度的设计安排、业务流程体系的优化、企业文化的建设，还是人力资源的配置中都需将这种理念真正的贯彻与融入其中。充分考虑员工，重点关注是否符合员工需求、是否有利于员工个人发展、是否有助于提高员工的满意度、是否有利于发挥人的特质和潜能等。只有真正地将人本管理中对于员工的尊重、关注、重视等核心给予充分体现，那么不论是对于员工满意度的提升还是对于企业忠诚度、归属感的提高都具有重要作用，有利于企业员工精神面貌的改变、激发其积极性和主观能动力的发挥，最大限度地激发其内在潜能。新形势下，企业面临着更为激烈的市场竞争环境，而人才是企业在市场竞争中立于有利地位的关键。企业要彻底解决将人本管理僵硬地解读为只在于充分调动员工的积极性和实现企业的发展目标的一种先进的现代化管理手段，而忽视了人本管理真正的本质与内涵的问题，就必须进一步增强人本管理理念，使各种措施得以真正落实，遵循人本管理的基本规范，发挥人力资源作为第一资源的核心作用，发挥其潜能和创造性，使企业对内呈现出强大的凝聚力和向心力，对外表现出强大的生命力和创造力，从而推动企业持续健康发展。

三、自立精神与团结协作 >>>

20 世纪 70 年代，韩国政府通过“新村运动”使得原本升级的高消费、高享受有所回落，人们也普遍感到脱离了劳动生产的物质享受与消费本质上是一种巨大浪费，是一种腐败行为，更是导致社会不安定的因素。李尚圭在企业管理和运营过程中，始终坚持正确的劳动财富观，即只有通过辛勤劳动，付出相应的代价才能得到健康的幸福生活和企业的稳定发展，也只有辛勤劳动，尽自已所能，努力生产才是真正的富国强企之路。同时，“新村运动”也提升了李尚圭的自主自立意识。按照传统韩国礼俗秩序要求，君臣、父子、夫妇纲常秩序比较严谨，每一层次都是一定程度上的集中意志，都有相应的权力与尊严，并用一整套规范礼仪来维护尊严。[1]“非礼勿听、非礼勿视、非礼勿言、非礼勿动。”当时的社会中个人没有自由，社会没有现代意义上的民主。李尚圭经历了“新村运动”，他认为个人应该通过努力开创自己的未来和一片天地，通过自身的奋斗创造新的生活，不能寄希望于别人或外在条件。没有自己的努力就难以形成自立、自主的意识，也就更不可能充分发挥行动的自主性和积极性。国民自主性本身就是自立精神的一种体现，应确立坚持民主的主体，树立自我人格和尊严。每个社会成员都应该成为韩国国家建设的主人翁，把建设国家作为自己应尽的责任和义务，自觉树立自由、自立、自主的意识，并在此基础上对外来物质文明、精神文明和科学技术进行筛选，“取其精华、弃其糟粕”。李尚圭是这样认为的，也是这样要求子女的，并将这一理念努力在企业生产经营中贯彻执行。

[1] 宋希仁:《当代外国伦理思想》，中国人民大学出版社 2000 年版，第 166 页。

在企业的经营和管理中，另一个核心要素就是“协作”。李尚圭认为，韩国传统伦理道德在经营管理方面值得认可的且具有典型意义的就是“相扶相助”“和睦共处”的传统精神以及协同合作的精神。团结协作是韩国人民的优良传统，在古代，朝鲜半岛很多村落都是靠着乡规乡俗来约束管理全村的事务，进而体现了全村互相帮助、团结友爱的精神。“二战”之后，韩国政府号召公民提高管理积极性，使大众自觉提高参政意识和社会责任意识，有效地提升了国家的整体性和整体力量。正所谓“人心齐、泰山移”，企业在此时也意识到不同商户之间，企业与企业的生态链中，以及企业与消费者、各种客户之间要和睦相处，发挥企业社会基本元素的功能，运用智慧和能力，促使团结协作精神成为推动社会经济迅速发展的精神力量，保证企业、社会和个人三者形成良性互动。从另一方面来看，李尚圭认为，协作精神作为企业主体应遵循的原则，可以柔化矛盾，减少矛盾激化，促进企业与相关利益方合作共赢，促进社会的安定团结和生产经营的可持续发展。这种对社会积极意义的“正能量”虽然在短时间内难以达到立竿见影的效果，但是其价值追求是值得认可和肯定的。

现代社会是一个讲究协作的社会，企业内部对协作的要求更加严格，一个部门和员工的任务完不成，就会影响整个目标。一只水桶能装多少水不但取决于最短的一块木板的长度，还取决于木板与木板之间的结合是否紧密。如果木板与木板之间存在缝隙，同样无法装满水。因此一个团队的执行力不仅取决于每一名成员的能力，也取决于成员与成员之间的相互协作、相互配合，这样才能形成一个强大的整体。

要提高企业内部的协作能力，可以从以下四个方面入手。第一，树立团结协作的企业文化。员工与员工，部门与部门之间的团结协作是每个企业所追求的。但是由于员工在企业中所追求的利益存在偏差，以及自身素质也有所不同，并不一定都能做到这一点。这就需要企业创造核心价值观去营造团结协作的企业文化，营造一种团结协作的环境。良好的企业文化可以树立起上下级之间、部门之间、同事之间的敬业精神、团结协作精神和奉献精神，实现工作中、生活中的沟通、协调与合作。第二，培养员工的忠诚度。当员工以主人翁的姿态对待企业和自己的工作时，企业与员工就易于形成忠诚的氛围，相互尊重，各种不同背景的员工才会产生团结协作的动力和向心力，最大程度地发挥潜力。第三，培养团队精神，提高执行力。在企业内培养员工的团队精神，在成员之间形成高度的信任感，打造团队成员之间尊重、信任、宽容、团结协作的优良传统，通过团队成员之间的团结协作，实现个体和集体的全面发展。执行力的提高同样是一个复杂问题，需要全方位去认识环境的内外部问题，只有这样我们才能够真正走出企业执行力的瓶颈，走出一个全新的自我，企业和员工才能共筑事业平台，达到共赢的目的。第四，提倡勤俭节约与抵制浪费。李尚圭本人虽然经营企业，经济上较为宽裕，但是其生活中仍坚持勤俭节约，反对铺张浪费，更反对社会上流行的享乐主义。20 世纪 80 年代，韩国社会物质经济发展较快，国民收入和消费水平上了一个台阶，但是居民收入分配不均衡的情况日趋严重，有些韩国企业主阶层通过私有财产的占有，能够不劳而获地攫取大量物质财富，更甚者富有阶层的纨绔子弟走向堕落和毁灭。这种富有之后的群体普遍具有享乐主义的倾向，其实，享乐主义从人的自然本性出发，明确人生目标与意义在于追求和满足个人的物质享受，满足生理本能和物质需求，金钱万能成为资本主义韩国占据统治地位的道德规范，这种思想长期存在使得社会大环境变差，甚至导致传统文化、礼俗秩序、劳动纪律、道德规范等出现错位。如果这种消费至上成为社会追逐的“猎物”，那么道德虚无主义就会泛滥成灾。因此，李尚圭十分尊崇勤劳节俭这一韩国社会的传统美德，他认为结合自身的需要对物质财富的有限占有是个人品格的体现，但强烈占据不属于自己或自己驾驭不了的物质对人的品质是一种腐蚀。这种勤劳才能有发展的思想正是李尚圭在日常生活中形成的。他在企业经营中也像其本人一样，做任何事情都会先想好实施中可能遇到的困难并提出相应的克服办法，然后努力去做好，企业的管理过程要规范，要务实，不讲空话，多干实事，并且持之以恒。而所谓的追求享乐只是一时的快乐，应该进行积极的追求，而不是极端的享乐，否则是非常危险的。极端的享乐主义会带来社会上多数人群的艳羡，甚至导致社会心理失衡，同时，享乐主义会削弱人们生活的斗志和进取精神，导致优秀精神的衰退。享乐主义还跟社会上一度宣扬的“金钱万能”有着千丝万缕的联系，这种思想会使得社会上人们都变成“经济人”，目光仅仅盯着眼前的物质利益，而忽略了社会长远利益和子孙后代应得的资源。人不是无所事事的社会动物，而是有血有肉有灵感有思想的社会存在，享乐主义思想如果不及时纠正就会严重影响韩国的社会形象和健康发展。

李尚圭也将其生活中秉持的节约理念合理地运用到公司的经营上。第一，降低采购成本。采购成本是企业购进原材料的关键费用。但采购原材料里面存在着许多漏洞，如同样价格的产品，采购人员开发票时，把采购价格提高一些，填写在发票里，然后到财务报账获得多余钱财。还有些采购人员用假发票来做账。更有些采购人员在采购时，遇到有价格优惠与折扣的情况，却故意隐瞒这种价格差异，仍按市场价购给企业，而自己从中牟取私利。再者，根据市场规律，原材料的采购价格实际上受市场因素影响波动较大。因此，李尚圭着重派讲诚信、有议价能力的采购人员去采购，以最大限度地降低企业采购成本。第二，降低时间成本。例如一件产品一分钟可以生产出来，但是企业多花了两分钟才生产出来。这无形中就增加了时间成本与人工成本，时间不可以重来，是不可再生的资源。李尚圭发现韩国企业浪费时间成本的现象很厉害，几乎没有时间观念，于是他在自己的企业中一改拖拖拉拉的风气，从做决策到执行到交货再到检验与审核，整个过程都提高效率，时间成本也就随之降低了。第三，降低流通成本与库存成本。一般来说，流通成本包括运输成本，仓储成本、包装成本、加工成本、配送成本等。从宏观来看，主要指运输成本与保管成本两部分。运输的方式包括陆运、水运（河运与海运）、空运、管道运输，每种运输方式，各有优缺点。

最好地降低运输成本的方法，是掌握各种运输信息，进行最低成本的最优化组合。例如，可以水运加陆运，空运加水运等。但是不管采用哪种方式，都要计算时间、成本，还有产品完好度，距离远近来降低运输成本。面对着当时韩国社会尚未建立起的诚信经营局面，李尚圭的企业尽量缩小库存量，减少库存管理费用以降低成本。第四，降低经营成本。经营成本包括主营业务成本与其他业务成本。主营业务成本，有直接材料成本、直接工资成本、间接材料成本、间接工资成本、其他直接支出、制造费用、管理费用等。为降低企业的经营成本，李尚圭采用了两个方法，其一是尽量采用高科技的设备，来提高生产效率，并为此培训了大量专业的设备维修与维护技术人员，这样就可以更少的员工生产出更多的产品；其二是用高熟练度与高技能的知识型员工。当知识运用在生产运营上，能产生更多的价值。第五，降低管理费用与人工费用。现代企业中，管理人员的设置要本着少（压缩高管数量）、精（精兵简政）、干（有才干）的原则来配置。针对此，李尚圭首先减少了高管的人员配置。高管的薪酬高，往往是员工们的几倍、几十倍，甚至于几百倍，减少高管的职位数，就等于降低了管理费用与人工费用。

四、利他和奉献社会 >>>

利他主义与利己主义是相对的，要了解李尚圭的利他主义精神势必先从韩国社会利己主义思想问题说起。自 20 世纪 70 年代韩国社会步入资本主义经济发展的快车道，社会就出现了显著的异化现象。到了 80 年代，韩国社会的价值观就有了典型的利己主义思想，某些媒体和个人认为人的本质应该是趋乐避苦的，是利己的，社会应该以迎合全体国民个人利益为主要目的，国家发展的动力应是人类的利己本性，并大肆宣扬。随着基督教在韩国的传播和民众的接受，有些错误的思想如“人人为自己，上帝为大家”等在民众中产生的影响，就形成当时社会诚信度不高，人与人、企业与企业之间相互戒备，人情淡漠和人际关系紧张的情况，并产生了较大的社会矛盾。利己主义在企业生活中表现为极力利用各种所谓的权力来谋取和扩展企业私利，无视或逃避自己应尽的社会义务和责任。利己主义是个人主义的极端化，其根源是私有制，是高度的社会化生产与生产资料资本主义私人占有的生产关系之间的矛盾，它更多主张局部或私人利益和自由高于一切，反对他人自由和社会利益，很难协调好与他人的团结。因此，只有正确对待个人主义才能有效遏制利己主义思潮的蔓延，恢复社会发展的良性机制。李尚圭看到了利己主义的本质，并从企业、社会和个人的关系层面来分析该问题。他认为利己主义破坏了社会和谐、友爱的传统伦理观念，因为传统韩国社会认为“我们”应该大于“我”，也就是说“我们”优先于“我”这个概念，而利己主义忽视了传统的伦理观念，撕裂了社会的整体观，将“我”置于“我们”之上，显然践踏了优秀的传统文化。此外，利己主义破坏了社会和谐环境，使得人与人之间逐步疏远，关系恶化，特别是在商品经济竞争加剧的背景下，利己主义思潮使得人们互相攻击、互相欺骗、信任度严重下降，人与人之间关系恶化。有些企业不顾社会法律约束，为了获得超额利润，甚至违背社会公德和良序公俗，不择手段地相互竞争，毫不顾忌法律与社会效益，给社会带来恶劣影响。正是看到这些问题，列宁曾一针见血地指出：“道德是为人类社会上升到更高的水平，为人类社会摆脱劳动的剥削服务的。”[1]李尚圭认为企业的发展利润很重要，但是企业社会责任更加重要。他曾多次捐助国内外朝鲜族同胞教育文化事业，又将文化奖学金等社会公益活动扩展至中国北方数个省市。

企业是社会的重要组成部分，它不仅是盈利的组织，更应成为担负社会就业、为社会提供高品质产品、输出优质服务、维护生态环境、提升社会良善氛围的组织单位。服务社会、服务民众也是企业应尽的义务。在现实社会中，社会责任是每一位公民应尽的义务，是社会持续发展不可或缺的重要因

[1]《列宁选集》第4卷，人民出版社1995年版，第355页。

素。每个人都不应当仅仅完成自己的工作，更需要完成社会的任务，即不计报酬地为社会、集体、他人服务，也就是奉献社会。奉献是爱的自然流露，是一种幸福，是一种崇高的情感，是一种高尚的品质，更是自己生命的延续和升华。正如印度著名诗人泰戈尔所说，我们必须奉献于生命，才能获得生命。人们之所以能够得到最大的幸福和自由快乐的心境，莫过于真诚的友谊和无私的奉献。因此企业家不能仅仅只有利己性，更要有一定的利他性，方能营造“我为人人，人人为我”的良好社会氛围。企业家的利他，不只是为了服务客户、回报社会，也是为了企业全体员工。服务客户、回报社会，是为企业开辟市场；为了企业全体员工的利他性，是提高企业的整体竞争力，并降低内耗。企业家的利他，还要能如同榜样那样去引导企业的全体员工拥有利他的心性，公司全体在这一点上保持方向的一致，在企业经营、发展的过程中就能避免种种问题。以利他的心性经营企业，能更好地服务客户，让客户也感受到自己的利他行为，与客户建立良好的合作关系，从而巩固企业的市场地位，为实现企业长期经营且盈利打下基础；以利他的心性经营企业，对内可以更好地实现员工物质与精神的两方面的幸福，让员工对企业的归属感进一步增强，并带动员工摒弃利己的一面，处处为公司的整体发展着想。试想，如果员工没有利他为基础，就可能一心只为了自己的利益向公司不断提要求，而不考虑公司对自己的培养，甚至忘了感恩；或者以考虑本部门的利益、对部门工作开展的影响等等理由，出现提及部门、小团体的利益而忽视企业整体利益与需求的行为，这些都是因利己私心而产生的。一旦提出的条件得不到其想要的答复，轻则不配合工作，成为企业发展的无用功甚至阻力；重则离职，对企业造成较大的损失。加之这种情绪会扩散，严重者甚至会影响其他员工的心性。当然，人的私心或多或少都会有的，但考虑问题、处理事务时应把企业的利益或他人权益放在前面，也就是说利他的比例要大一些。企业家要一步步带动全体员工培养利他的心性。为了企业更好地发展，企业家对内需要营造全体员工以企业利益为本，团结一致为企业发展努力的氛围；对外要与客户形成利他互助的合作关系，保持长久的共赢。要做到这两点，只有怀着利他的心性，自己修行的同时带动着周围所有人一起践行利他思想。

五、家国情怀与企业发展 >>>

社会是一个有机的整体，其中国家与个人的关系、国家发展与企业发展的逻辑关系都是非常重要的环节。中国古代著名思想家荀子曾言："斩而齐，枉而顺，不同而一。夫是之谓人伦。"[1]从本质上来看，家国关系在伦理关系上是一个忠孝的问题，在现实上是一个个人利益与集体利益的问题。从伦理角度分析，孝道是儒家文化圈最基本的传统伦理思想和道德规范，孝是子女对亲生父母的回报，是对养育之恩的报答，是自然情感的流露。孝是德之本，对父母孝顺的人，对长辈、对他人也会尊重；对父母恭敬之人，对长辈、对别人也会和蔼。孝和忠是紧密联系的，孝是忠的缩小，忠是孝的扩大或延伸。在家尽孝，在国尽忠。"忠臣皆出自孝子之门"，在家不能做孝子的人，在国家生活中就难以尽忠。结合现代社会中企业发展实际，我们可以看出，企业的忠诚度和对国家的义务是密切联系着的。忠是对社会和国家的尽心尽责，是对事业的坦诚和兢兢业业，是对工作的专心致志。忠孝的家国情结是人类的共同纽带，也是连接企业与社会的伦理桥梁，在企业竞争激烈的今天，人们更应携手共进，以忠孝的传统精神为原则，团结民众，为企业和国家的发展而共同努力。

从现实角度来看，个人的成就、企业的发展都离不开国家的繁荣和强大。人是一种社会性的动物，它既有自然属性又有社会属性，社会属性主要指人的语言、思维、习惯、文化和行为模式等。没有一定的社会共同体中的生活，就没有人自身。国家在客观上决定着个人的生活状态，可以毫不夸张

[1]《荀子·荣辱》。

地说，有什么样的国家，就有什么样的个人和企业。李尚圭认为国家利益是社会全部成员在政治、经济、文化等方面利益的总和，是组成集体的成员所追求的利益总汇，是所有成员的根本利益、全局利益和长远利益的集合，是融于各个成员个人利益之中的共同利益，而非凌驾于个人利益之上的挤占个人和企业利益空间的对立面。企业利益与社会成员的个人利益在目标和手段上相一致，在供给和获得上相融合，在享用和满足上相对公平。从总体上来讲，国家利益、企业利益和个人利益是统一的。企业的终极目标是为了促进国家利益与个人利益的良性互动、共生共荣，实现国家利益和个人利益的有机统一。国家的繁荣富强离不开每一位公民的辛勤劳动，国家利益、企业利益代表着公民长远的根本利益；每位公民在为国家、企业作出贡献时，本质上也是为了自己的长远利益而奋斗；当国家利益和企业利益得到充分实现时，个人利益也会获得应有的保障和实现。正如邓小平所说："归根结底，个人利益和集体利益是统一的，局部利益和整体利益是统一的，暂时利益和长远利益是统一的。我们必须按照统筹兼顾的原则来调节各种利益的相互关系。如果相反，违反集体利益而追求个人利益，违反整体利益而追求局部利益，违反长远利益而追求暂时利益，那么，结果势必两头都受损失。"[1]我们不难发现，社会利益是由许多企业利益有机组合而成，二者互相促进，共同发展，这才形成社会发展的良性循环。李尚圭有很深的家国情结，他主张国家与个人的关系相当于大河与小河之间的关系，小河中的水汇入大河形成大河中的一部分，大河才能够有充足的水量奔流向海；大河水量充足又能够在一定程度上补给中下游的小河。任何社会利益、企业利益都是由个人活动创造出来的，又以个人利益呈现出来。离开了个人利益，国家利益就会成为无源之水、无本之木，也就失去了存在的必要性。所以，从个人和国家的利益一致性方面出发，将企业伦理和个人家国情怀结合在一起进行思考，才能真

[1]《邓小平文选》第2卷，人民出版社1994年版，第175–176页。

正理解李尚圭的经营伦理思想。

企业发展需要研发的技术成果、设计的商业模式、提供的产品和服务，这些也都应该强调品质。企业没有品质、数量、规模、效益等，就失去了发展的意义。品质，不等于单纯的质量。“品”是商业伦理尺度，“质”是生产技术指标。坚持优“质”良“品”，企业家才是一个理性的、健康的、社会所需要的管理者。国家的政治经济体制是企业发展的外部环境，企业家还应该是“家国人”“制度人”。遵纪守法是所有公民包括企业的底线，艰苦奋斗，既是企业家的自我约束，更是企业家的精神状态。小富即安、贪图享受，应为家国情怀所不齿。为经济建设流汗，为社会进步发声，才是作为“家国人”的企业家的本分。企业家更应该是社会人，要“履行责任，敢于担当，服务社会”。企业排名、个人财富，只是成就，企业家的价值更应该体现在创造就业、贡献税收中，还应该体现在投身公益、奉献社会中。

六、绿色环保与创新精神 >>>

不健康，无未来。消费者对健康生活、品质服务的向往，就是企业的发展“蓝海”。环保是社会共同的事业，也需要共识来推动。近年来，韩国不少行业都在自发地寻求绿色转型，以树立行业信誉和企业美誉。以行业自净引领绿色消费的努力，正在转化为一股值得珍视的力量。向绿色产业转型，从整体上讲对生产者和消费者都是有益的。然而，具体到某一个行业、某一种产品，要把环保放在重要位置来考虑，其实并不容易。只有那些看到未来长远趋势和社会潜在需求的人，才会主动站位，把更多心思放到生产和流通过程的环保上，去拉动这方面的需求。李尚圭正是看到了环保对企业发展的巨大推动作用，在自己的企业中率先开始向绿色转型的尝试。

企业的环保意识与用户的环保意识息息相关。全社会需要缔造一个真正意义上的绿色联盟，联合政府、企业和消费者的力量进行一场供给侧改革，从生产、物流到消费的全过程来推动绿色转型，以行动上的共识维护好社会的共同利益，而不是把责任压给其中任何一方。

共创绿色生活，实现良性循环，始于理念上的革命，但不能止步于理念。在当前这个发展阶段，要维系全社会的绿色联盟，提高生态产品的经济效益，协调好彼此的利益关系显得十分重要。随着社会整体消费水平的升级，用户对产品质量、健康生活的要求也在不断提升，越是注重用户体验、服务细节的商品，越容易得到消费者的青睐。从这个角度看，转向生态产品，是迟早的事情。我们现在要做的，就是让参与市场竞争的经营主体能享受环保带来的红利，带动居民形成绿色消费习惯，进而赢得更多绿色投资。

企业的绿色发展，需要技术创新的支撑。创新是引领发展的第一动力。企业是发展的主体，各种创新活动都要通过企业来实现。当今世界，创新是企业生存发展的前提条件。没有创新，企业就无法生存和发展。所谓企业创新，就是企业用创造性的思维和方法创造出别人没有或比别人更好的技术、产品和管理的活动。创新就是不断地挑战自己、颠覆自己、否定自己、超越自己。企业全面创新，则是把创新活动渗透到企业生产经营活动的各个方面和各个环节。

按照创新的内容划分，企业创新可分为技术创新、管理创新。技术创新，从狭义上说，主要是指生产技术创新。如生产工艺的改进、作业过程的优化等。从广义上讲，技术创新还应包括新产品的开发、设计等产品创新。我们通常所说的技术创新，实际上是一种广义上的技术创新，它包括原始创新、集成创新、引进吸收消化再创新；技术、工艺和新产品开发；科学研究与科技成果转化；专利、知识产权和协同创新等。其中，协同创新主要是指创新主体和创新资源的协同，其他则是创新对象的创新。管理创新包括的内容比较广泛。从管理的层次划分，企业管理可分为基础管理、专业管理和综合管理。基础管理包括规章制度建设，定额、定员、计量、统计、原始记录等管理；专业管理主要包括投资管理、预算管理、财务管理、成本管理、利润管理、技术管理、知识产权管理、人力资源管理、采购管理、销售管理、生产管理、质量管理等；在上述管理的各个层面和环节都需要并能够进行大量的管理创新活动。同时应注意将技术创新与管理创新相结合，没有管理创新进行科学的组织，技术创新就很难实现，而没有技术创新作支撑，管理创新同样很难实现。

总而言之，企业经营伦理是应乎社会需求而自发形成的，在现代社会中，社会分工更细致，行业工作更新颖，人际关系愈加复杂，更多的伦理关系应运而生，这些都为企业经营伦理带来了新的挑战。

后记

从文化和地理角度来说，中韩两国一衣带水、唇齿相依，地缘相近、人缘相亲。2022年适逢中韩建交30周年，两国经济、文化、学术等各个领域的交流不断深化和拓展，为两国人民增进友谊奠定了基础。在漫长的中韩交流史中，涌现出许多无私奉献的人物，闪耀着人性的光芒。在韩国方面，从东赴隋朝求佛的圆光法师到晚唐有所大成的崔致远，从引入南宋朱子学说的安珦到数次出使清朝致力于文化交流的李尚迪，从近代在中国开展韩国独立运动的仁人志士到当代中韩体育互动和人员交流，两国的经济与文化交流历久弥新，这也从另一个角度印证了东亚本身就是一个“命运共同体”。

在当代中韩民间交流中，有这样一位诗号为“素井”的韩国友人，犹如一口朴素的古井，默默地耕耘在诗歌界，平淡地记录着生活感悟，无私地为中韩两国的文化交流作出着贡献。他就是李尚圭，一位经历了贫困、战争、困惑与奋斗的耄耋老人。20世纪40年代初的韩国被日本殖民势力所笼罩，临近解放之时社会动荡变化加剧，这些无不对当时的韩国民众产生了巨大的影响。在每个传统节日到来前一天傍晚，经营着米店的李尚圭的祖父都会爬上村头小山，看哪家烟囱无炊烟升起从而断定他们粮食欠缺，于是便会带粮食去救济这家人。这种关怀他人、默默奉献的优秀家风深深地影响了李尚圭，为其日后坚定不移地为社会公益服务奠定了基础。

即便生活在不安定的环境下，李尚圭与大多成长于农村的韩国孩子一样有着自己快乐的早期童年——爬树、转铁环、卖废品换糖果……然而由于父亲过早患病去世，给他的童年蒙上了一层挥之不去的阴影，也正是从此，他的母亲开始了一人抚养七兄妹的艰苦生活。1945 年日本投降后，朝鲜战争相继爆发，直接导致他学业中断，但他始终没有放弃过学习。据李尚圭本人回忆，当时美军基地就在离他所住村落不到 8000 米的地方驻扎，可以说他是听着军车的呼啸和未知的恐惧度过那段时光的。战争年代，社会发展受环境影响，人们通过生活与工作的艰难困苦历练自己的意志品质。李尚圭就是在这一时期磨炼出了不畏艰苦的顽强毅力，塑造了一份对生活的泰然和对风险的担当。朝鲜战争的结束并不意味着人民“苦日子”的终结，在那个一穷二白的时代，韩国百废待兴，很多家庭无法摆脱生活的困苦。经过坚持不懈的努力，李尚圭考上了高丽大学攻读生物学，然而生物专业并非他的最爱，他经常读一些文学书籍，最喜欢听的课程是古典音乐课。上了三年大学后，由于家庭经济条件的制约，加之专业不符合兴趣，他大胆地作出了主动退学的决定。此后，他在家里养鸡，开始了自己从维持生计到独立创业的过程，然而很不幸的是首次创业由于鸡瘟传播而宣告失败。到了婚龄，有朋友给他介绍了一位居住在首都的女子，李尚圭最开始认为自己和城里人结合姻缘简直是天方夜谭，但在见过第一面之后，他为那女子动心，在随后的交往中他几乎在每天忙碌之余都要写一封信给对方，他并不将自己的信叫做情书，因为信里没有肉麻的情话，而是对生活的感慨与共同的期待、对社会的认知与反思、对未来的憧憬与规划。就这样，在他写到第一百封信的时候，那位女子终于被打动了并不顾一切从城里来到乡下，放弃了原本优越的生活条件而与李尚圭一起吃苦、一起奋斗。这位女子就是后来陪伴了他一生的爱人，她与李尚圭一同承担了创业之初的艰辛、生活的困苦和家庭的负担。创业成功后，由于工作与社会公益事业的操劳忙碌，李尚圭曾多次往返于中韩两国，但始终未能带妻子一起出去走走看看。对于妻子为家庭和自己事业的付出，李尚圭内心充满了愧疚。也正是这种夫妻恩爱、相濡以沫的真实情况，反映出传统家庭伦理对当代韩国社会的影响，为儒家文化圈家庭伦理关系的构建提供了一股正能量。

李尚圭真正的职场生涯是从一个小职员起步的。最开始有朋友介绍他去一家乳品销售店工作，经过一段时间对业务的熟悉后，他开始不安于现状，想开拓一片属于自己的“天空”。当时正值发酵乳品走俏市场，他利用业余时间购入大量书籍来摸清发酵乳品的制作流程和加工工艺，并走访各地研究乳品的销售情况。在理清思路后，他用自己省吃俭用的积蓄开了一家代理店。自己的艰苦创业为人生注入极大的希望，也迎来了机遇与挑战，一家人开始为这个希望共同奋斗，妻子凌晨就开始忙碌收货记账，他则骑着自行车去派送，最艰苦的时候就连破旧自行车也曾被窃，导致他只能步行送货。但是，凭借着他的艰苦奋斗和家人的支持，最初的代理店业务做得顺风顺水，后来逐渐扩大了规模，将店面开到了其他地市。不论事业处于高潮还是低谷，他始终坚持自己的理念——诚信经营，到现在形成了自己独具特色的经营伦理理念，注重守时、尊重客户、诚实守信等具有儒家思想色彩的管理理念已经完全融入企业发展之中，成为企业的核心价值观。这也是他的企业在成长过程中能够数次面对市场震荡而波澜不惊、平稳有序发展的原因之一。

任何成功商人的背后，都伴随着不畏艰辛的创业和吃苦耐劳的拼搏。李尚圭经常说这样一句话：人勤地不懒，经商靠苦干，利从勤恳来，天上不掉钱。吃苦耐劳，不畏艰辛是以李尚圭为代表的韩国一代商业人士创业之本，也是后来韩国企业持续发展，并崛起成为亚洲四小龙的原因之一。最早的时候，李尚圭带领着团队推着独轮车，顶风冒雪往来各地，经常一趟生意步行就得十几天、几十天，一路跋山涉水，常常遇到各种天灾，如果路过治安不好的地方，还会遇到人为的困难，甚至官府的欺诈，经商之途的艰辛可想而知。但他们就是这样一步一个脚印地走遍全国，把货物运往四面八方。他们勤奋经营，奔走于各地，李尚圭为代表的一代商业人士就是靠着这种吃苦耐劳的精神和不畏艰辛的努力才获得了后来的成功。但吃苦耐劳不意味着死脑筋，不开窍。李尚圭带领团队在包括人参在内的药材经商过程中摸索出一套成功的交易方式，他们在庆尚北道设立购销总站，将各种货物运往韩国各地后采取积极的交易政策，甚至早期有时也通过以货易货、货钱两便的灵活方式和交易政策将自己生意越做越大，品牌越做越强，资金积累越来越雄厚。他将诚信和质量作为经商之道的“经典”，又有着积淀下来的管理经验，加上灵活的经商规则，使得李尚圭在韩国商业领域脱颖而出，逐步壮大成熟，立于不败之地。

人常言：“四十不惑”。李尚圭步入中年之后却对生活产生了困惑。最初的创业是为了生计，为了家庭生活条件的改善，然而当物质条件优越后，生活中仿佛缺少了东西，缺少了自己真正想要的。于是他开始沉下心来，深入思考人生。不论春夏秋冬，忙碌空闲，自幼热爱学习的他一直没有放下读书。李尚圭对诗歌情有独钟，喜欢那短小精悍文字下的形式美，常常陶醉于诗歌的深远意境之中，于是他决定在已有学习的基础上创作诗歌。他把读过的诗集和有关诗的理论书籍再次整理、阅读，并购入大量中国诗歌书籍深入研究。每天下班后读书到深夜已经成为他的读书习惯，曾有一本中国唐代诗选的韩译本甚至被他翻烂了页。在汲取大量理论养分之后，他开始了自己的创作，此间经历的快乐和痛苦远非常人所想。在创作过程中，他不断去拜访韩国诗人、学者，请教关于诗歌的知识，并游历名山大川以陶冶情操，无数深夜里他把内心的世界、外面的世界和人生的经历感悟等汇聚于心，流露在纸上，正如他对自己写诗时的评价：“我在纸上扬起的粉尘残害着无辜的净化器。”功夫不负有心人，他终于用诗歌感动了自己，也打动了读者，在不惑之年，他步入诗坛，一举获得“东洋文学”新人奖。之后他出版了自己的第一部诗集《爱情的碑文》，此书一上市便赢得好评并夺下当年最畅销书第三名的好成绩，这对他是莫大的欣慰与鼓舞。从此，他坚持创作、笔耕不辍，诗歌灵感如泉喷涌，开创了自己的“纯情诗路”，至今已经出版七部诗集，均受到韩国文化界的好评，也为他赢得了诸多殊荣。韩国著名诗人咸东鲜认为李尚圭的诗是以爱作为根源，诗的结尾是“会者定离”。中国朝鲜族诗人金南锡指出，李尚圭的诗歌世界是对现实世界的虚化、毫无挫折感并有超强的意志力。《李尚圭诗选》已于近年出版了汉译本，诗歌中写作对象大体分为爱恨情仇、春夏秋冬、世事无常三大部分。李尚圭的诗歌世界是多元化的且动静结合，并非能笼统概括或者简单归类。李尚圭的诗歌可以从写作对象、感情表露、针砭时弊等方面进行系统的解读，并进行全面的分析以达到透彻的揭示。李尚圭不局限于诗歌的创作，也热衷散文随笔的写作。他的随笔并非空谈，而是“落笔有声”，其写实的文笔中流露出发自内心的真情实感。通过他的随笔、诗文，我们不仅可以一窥韩国的社会现实，更由于其随笔内容涉及中韩文化交流，通过他的笔端，读者可以从“旁观者”的角度对中国文化进行重新审视，这与目前国内很多中韩学者研究《燕行录》一样，通过外国的资料考察中国的历史和文化，具有一定意义和现实价值。

如果李尚圭仅有上述活动或成就，我相信他很难被众多中国人所识。某次机缘巧合使得他与一位在韩国工作的中国朝鲜族相识，他的中国情缘便从此开始“生根发芽”。1992 年中韩刚刚建交，他便受邀首次来到中国，当年延边地区基础条件还很差，他边参观边思考，最后决定拿出自己企业的收入支持中国东北延边地区的教育和文学发展事业，这正是他“共享的生活哲学”的核心，即不分民族和国家，一起互帮互助，共同发展。此外，他还强调一碗饭分一勺不叫分享，至少分一半才叫分享，这是一种更高境界的奉献精神。截至 2019 年 9 月（之后因疫情阻碍跨国交流），他已经往复中韩 30 个年头，先后在吉林延边、河北保定和河南郑州的一些高校设立了奖学金，资助和奖励家境贫寒、学习刻苦的学子完成学业。另外，他先后支持延边作家协会的文学奖、文学征集活动，特别是对中国朝鲜族学术发展做出了很大贡献，如在发掘抗日诗人沈连洙的工作中发挥了积极的作用并全力支持开展国际学术会议，支持关于中国朝鲜族文学丛书的研究和出版，其中，由他资助的《20 世纪中国朝鲜族文学史料全集》，被原国家出版总署评为中国少数民族优秀丛书。更值得关注的是，此套丛书出版耗资巨大，他几乎倾其所有投入其中，甚至由于没有及时给儿子交大学学费，导致儿子重走自己的成长之路——退学、创业。儿子没有辜负他的期望，已经健康成长，并事业有成。他常常对朋友谈到："从让儿子退学那一刻起，心就一直悬着，生怕对不起他。"说起教育经验，还有一个事实不得不提，就是在他的教育和引导下，她的女儿在上高中时就和他共同出版了一部诗集。有韩国诗人评价她女儿的诗："并非天生对诗歌聪慧，而是经过学习和感悟才有了这番灵感和技巧。"家教的成功不能不让我们感受到老诗人的个人魅力，乐善好施的义举更让我们看到一个有血有肉的热心社会公益的文化传承者。

时至今日，李尚圭已是耄耋之年，因为常年的工作忙碌，加上饮食不规律，身体大不如前，但他依然保持着饱满的创作热情和对中韩两国文化事业的一腔热血。他不畏高龄，不计得失，用他的文学作品回馈读者，身体力行地影响着身边的每一个人。李尚圭淡然于好新骛奇，无意于功名世俗，踏踏实实耕耘于社会实务，这是当下社会应该珍视的优秀品格。二十余年来，韩国和中国媒体对之的相关报道数以万计，从中我们不难看出，各界人士对他的奉献和事迹倍加尊重，对其中所体现出来的精神倍加敬佩，可以毫不夸张地说，李尚圭已然成为新时代中韩年轻人学习的榜样，对之进行记录是一种历史和社会的责任。

世界面临百年未有之大变局，中国特色社会主义进入新时代，伦理学之使命崇高是伟大时代发展的结果。回顾本人的域外访学之路，首先要感谢我的博士生导师葛晨虹教授。葛老师多次赴韩国参加学术会议，并在高丽大学访学一年。在我获批赴韩求学之时，得到了葛老师大力支持和全面指导，这才有之后的在韩国结识多位良师益友，结下深厚友谊。在此，对恩师葛晨虹教授表示崇高的敬意和无限的怀念！

此外，本书写作过程中得到了李尚圭先生的鼎力支持。李尚圭先生提供的很多资料有力地推动了书稿的写作，并同意对其部分作品进行重新翻译。同时，在书稿撰写过程中，得到了四川外国语大学王倩倩副教授、河北大学梁钊博士后和河北大学高丽娟的支持和帮助，他们为我与李尚圭先生的交流交往起到了重要的“桥梁”作用。周口师范学院王灵伦博士、首都师范大学李传哲博士、王柳涵博士、昆明理工大学李梦圆硕士、河南财经政法大学张炳珂硕士等分别对部分章节的撰写提出宝贵意见并进行文字整理，人民出版社柴晨清博士对书稿前期的校对和规范做出较大贡献，这里一并表示感谢！

本书的出版得到了中国经济出版社领导和责任编辑郑潇的大力支持，在此表示由衷的谢意！

《中庸》有言：“君子尊德性而道问学，致广大而尽精微，极高明而道中庸。温故而知新，敦厚以崇礼。是故，居上不骄，为下不倍。国有道，其言足以兴；国无道，其默足以容。”我相信李尚圭先生的一生彰显了儒家君子应有的价值追求和人格风范，值得后人学习和珍视。

孟维巍

2022 年 6 月 16 日于郑州龙子湖

附录

附录一

李尚圭简介

李尚圭，1941 年出生于韩国京畿道平泽，是韩国著名诗人、散文家，韩国韩中艺术协会会长，是韩国诗坛首屈一指的元老级诗人，集随笔家、慈善家、企业家于一身，是韩国文人山岳会、韩国文人协会会员，还担任韩国兹有诗人协会事务局局长等社会职务。曾获得第一届韩国人感谢奖、第十三届山文学奖等。

1989 年在《东洋文学》发表作品，崭露头角，逐步在 20 世纪 90 年代名声显赫韩国文坛，可以说是大器晚成。他多次斩获韩国自由诗人协会文学奖、韩国外交通商部部长表彰奖、韩国农民文学奖等奖项，在韩国出版《李尚圭诗全集》《李尚圭随笔全集》等文学作品，作品广受好评。朝鲜半岛自古就受到中国传统儒家文化的深刻影响，对于爱好文学的李尚圭来说，其思想融合了大量儒家伦理的观念，这对其人生哲学观的形成起到至关重要的作用。儒家伦理思想源远流长，历史悠久。儒家伦理是儒家思想的核心，亦是东北亚传统文化的主干。儒家伦理思想体系中蕴含着丰富的内容：仁者爱人、义利相生、崇道扬善、以诚待人、天人合一。

一、文学生涯开启

1989年通过《东洋文学》初登文坛。

二、主要社会兼职

韩国文人山岳会、韩国农民文学会、韩国文人协会、国际笔友会会员；

韩国自由诗人协会事务局局长；

（韩国）中国朝鲜族文化艺术后援会会长；

国际笔友会韩国本部咨询委员；

韩国文人协会麻浦支部理事；

首尔市世界阿里水——世界韩民族水庆典顾问。

三、获奖情况

第七届韩国自由诗人协会文学奖（1993年）；

韩国知性人感谢奖（2003年，中国）；

长白山随笔 Modemore 文学奖（2004年，中国）；

韩国外交通商部部长表彰奖（2010年）；

第一届韩国值得感谢的韩国人奖（2010年）；

第十三届山文学奖（2011年）；

第二十一届韩国农民文学奖（2013年）；

国会安全行政委员会委员长颁发的“地球村才能共享奉献人士大奖”（2015年）；

国会安全行政委员会委员长颁发的表彰奖（2016年）；

在韩同胞文人协会国际文化艺术交流会表彰奖（2016年）；

世界和平实践运动本部颁发的“特别社会贡献奖”（2016年）；

四、发行诗集

《爱情的碑文》（东海出版社，1990 年）；

《相见相离，笑着哭了，再次相见》（东海出版社，1991 年）；

《麻木的心在等着谁》（东海出版社，1993 年）；

《再要爱谁》（东海出版社，1995 年）；

《纯情的告白》（中国延边人民出版社，1996 年）；

《冷雨淋湿，你》（大韩出版社，2006 年）；

《徒伴》（Todam Media，2011 年）；

《李尚圭诗全集》（Bookpub，2019 年）；

《立木上的鸟儿想要飞翔》（Bee bee tree books，2020 年）。

五、发行随笔集

《大苇莺巢中的布谷鸟》（图书出版文艺村，2004 年）；

《白鹭变成乌鸦飞起的日子》（中国辽宁民族出版社，2004 年）；

《延边朝鲜族和韩国》（Todam Media，2008 年）；

《一起生活的小幸福》（Todam Media，2009 年）；

《李尚圭随笔全集》（Bookpub，2019 年）。

六、其他相关作品

（一）《李尚圭诗选》于 2012 年 12 月由河北大学出版社出版；

（二）《素井漫谈》于 2014 年 6 月由河北大学出版社出版；

（三）相关诗歌作品入选“中国·保定 2014 首届中韩文化创意论坛”作品集。

（四）相关诗选谱曲后 2010 年出版《远山·金达莱绽放之际》曲谱集。其中作品《金达莱》在中国文化中心等单位联合主办的“2018 年欢乐春节韩中友好音乐会”上演出，韩国音乐评论杂志《Music Review》（2018.2）对其进行了相关报道；

（五）延边人民广播电台制作的纪录片特辑《值得感谢的韩国人：李尚圭》（2014年）获得韩国KBS电视台广电领域鼓励奖。

七、公益活动

李尚圭既是文学家又是社会活动家，更是一位慈善家。自1996年起与中国结缘，至今在中韩境内持续参与各类公益活动，开展公益慈善事业。

（一）设立"素井奖学金"。每年举办一次，旨在资助家境贫寒，成绩优异的学子，在中韩均有设立。在中国主要集中在吉林省延边自治州、保定市河北大学等地区。相关活动在国内《延边日报》、《黑龙江新闻》、《东北新闻》、《燕赵都市报》、《保定新闻》、《延边晨报》、《辽宁朝鲜文报》、"中国新闻网"、《东北亚新闻》、韩国《联合新闻》均有报道。

（二）资助文学作品出版。资助延边人民出版社出版《20世纪中国朝鲜族文学史料全集》，该作品在2003年《中国新闻出版报》公布的全国少数民族优秀图书中荣获一等奖。相关活动在《延边日报》《黑龙江新闻》《东北新闻》《吉林新闻》等媒体均有报道。

（三）通过红十字会捐资助学。资助延边大学师范学院及朝鲜语文学研究所，面向高中生设立"东西奖学金"并由延边自治州教育学院主办。通过延边朝鲜族自治州红十字会进行捐款。

（四）成立素井韩中文化艺术协会，开展相关艺术交流活动。联合主办召开"中国·保定2014首届中韩文化创意论坛"及第2届韩中文化艺术交流展活动，相关活动在"香港新闻网"、保定市官方综合门户网站"唐尧网"、《东北亚新闻》、韩国《读书新闻》、《Enews today》等均有报道。

附录二

李尚圭代表诗作选摘[1]

【情感世界】

一 心外无物

不知不觉已到耄耋高龄
激情和感情也渐渐远去
此时心中尚存的是
与生命抗争的火花
那不只是为自己燃起的
一边是生活，一边是思考
这火花是冲突之时燃起的
充满幻觉的火花

这也许
是人生最后的模样
来生的路就在眼前
无法形容我那苍老的面容
无法给年轻人形容我的脸颊
我只有羞愧
我只有赎罪的心

[1] 经李尚圭先生同意，摘录并翻译其代表作品在附录二和附录三。

二 断裂的桥

彼此之间
有座不能跨越的
断裂的桥
昨夜星辰
梦中我跨过五色彩虹
与你相聚

彼此之间
存在无法看见
香气夺人的花香
穿过两水镇的村落
在领口回旋

彼此之间
互道珍重
华车骏马
江堤飞驰
尘土飞扬
笑逐颜开

三 现在的你

坐上飞驰的地铁
现在的你在忙些什么？
按老年机还是智能手机？

走在繁忙的路上
现在的你在忙些什么？
听汽车噪音还是头戴耳机？

回到自己家中
现在的你在忙些什么？
看电视还是敲电脑？

现在的你
忘却了自我
与外在的机器生活在一起啊！

我说错了吗？
哪怕就那么一刹那
请回首并望向远方吧

四 我们的路

我在，故你在
你在，故我在

你在，故我去
我在，故你来

你是我的路
我是你的路

我存在，你也存在
你存在，我也存在

你和我无法相遇的
那条歧路

这，便是
离别吧

五 老人的梦

沉沉的忧虑
深深的皱纹
历经沧桑与苦痛

这是劳苦的一生
山脚下支起窝棚为家
以柴火拾荒为生

可是
从未失去的梦想
流淌汗水在耕耘
塑造着伟大的世界

纷繁混乱的日子
塔谷公园的老人们
像怀念失去的孩子一样
思念着往昔

六 酒中仙

精致的酒杯里面
盛着浩瀚的天空
盛着朵朵的白云
也存着我的心
一饮而尽
我已然成了汝矣岛的神仙
飘飘然进入云霄
全身放松地坐在路边店铺
全世界都如同流浪的云彩一样
在幸福的日子里徜徉……

七 恐惧

深夜独行在山路上
死一般的寂静
对黑暗的恐惧
没有缘由
我内心倍感孤独

窸窣响起的
枯叶之声
彻底把我击溃
究竟我在哪里
让我心生惧畏

八 冬季相思

比思想深邃
比冬夜漫长
要历经几多痛苦
才能回到我的身旁?
孤独是我的老友
失眠也是我的朋友
在窗外悬挂的
宛如蓝色月光般的心灵
窗外的路灯也在孤独地熬着夜
照亮整条空荡的街道

九 悲哀的遗产

孩子对父亲
挥舞着自私的鞭子
孩子自以为然
孩子的孩子亦然如此
当孩子的孩子
挥起自私之鞭时
他们说着
这是祖上悲哀的遗产
同时
他们也在流淌着滚烫的眼泪

十 离去的你

河对岸的羊肠小道
幽暗的森林
黑暗淹没了的
回忆的影子

要如何是好?
离去的你
在你离开的渡口
唯留下一轮弯月

褪去月光的心中
彻夜不眠等你归来
猫头鹰在夜空鸣叫
再度勾起悲伤
我转身悲泣……

十一 旅客

随着云漂泊
跟着风流浪

在伸向远方的两条轨道上
那滚动的车轮

居无定所的旅客
仍兴奋地歌唱
那生命无常的歌

十二 临别的礼物

转身伫立
泪水无情地流淌
孤单无助的一个人
漫无目的地徘徊

被残酷的风驱赶
在冷冷的空中飘浮
那一片云
进入我的胸怀

我所坚持的道路
连同梦想都已被抛弃
即便这样，我也不会悲伤

因为这应是
你赠予我的
临别的礼物

十三 镜中人

我们就这样相见
你我越靠越近
我若微笑
你亦微笑

我们也是如此离别
也许是怕看见我留下的泪
我转身之时
你亦离开

我们像是走了不同的路
当我用炽热的嘴唇
亲吻你时
你却已被那冰冷的唇
紧紧地搂着

十四 迷离的心

即使那花儿
接连不断地开放着
春天还是离去了
独自离去了

迷失方向的候鸟
在广阔的天空中
悲泣地飞翔

不想抓紧你
就这样让你离去
随心所欲

纵然抓紧你
你不还是
要挣脱而去？

十五 汽笛

远方
鸣响的回声
是那无尽的乡愁

越过海洋
向着那遥远的地方
放逐我的梦想

只有那褪色的旗帜
还在空中飘扬

十六 愿望

只有一天
无论如何挣扎
也只剩下一天

这场阴雨
始终下着
这一天
被无情地夺走

即便潜入那
广阔的原野
顽强地抵抗
这自然的秩序
终究无法违抗

挂着眼泪等待的你
还是永远地离开了

十七 彼此

我们彼此
化作天边的星
一起悬挂着

我们彼此
走过茫茫的山野
一起歌唱着

我们彼此
跨越心灵的墙
和蝴蝶结伴
一起舞蹈着

可是
我们彼此
要成为什么
才能渡过
那来世的险滩

十八 正如来时

你悄悄走了
正如你来时静静地
你走了
抛开了伤痛与幸福
正如那掠过山脊的风

你走了
沿着你来的路
你走了
没有绝望和幸福
正如那飘过天边的云

寂寞的凉夜
空虚的原野
像那不言不语
只是摇晃的芦苇
悄悄地
你走了

十九 不一样的心

夕阳落下山岗之时
纵然抹去映在山峦中
我那被拉长的影子
我心中的思念
也不会消逝

乌云压城
大雨倾盆而下
淋过躲在山角处的你那衣襟
却淋不湿我的心

岁月已将我抛弃
我却对岁月无可奈何
你即使说要离开我
我也绝不能离你而去

这便是
岁月和你一样的心
这也是
你和我不一样的心

二十 寻找幸福

幸福
如羽毛般轻盈
随风而去
到山的那边找寻

幸福
如铁杵般沉重
落入海中
千万米深的海底找寻

幸福啊
并非在山那边 海底里
它在你的心灵深处
深深地藏着

二十一 余生

几日
几夜
在虚空飘荡的候鸟
向着渴望之地
找寻着飞去

几日
几夜
反复地冥想
宽广辽阔的世界
我要去的地方
却找不到前往的路

二十二 面具

只为掩饰我的本来面目
人们有时候
戴上怪异的面具

藏匿于面具里
装扮成舞台上的戏子
亦会成为舞台的主演

可是
无论是谁
都戴着适合自己的面具
装扮成戏子
跳着假面舞

戴着面具的戏子啊
并非面具
而是活生生的人

于是
假面舞跳着跳着
面具啪嗒坠地

二十三 你是谁

在那平静的内心深处
流下眼泪的你
究竟是谁？

用无边的诅咒与拥抱
空荡内心的你
到底是谁？

用徜徉的春光
发出思想之芽
像抓不住的云雾
包裹着我心中的你
又是谁啊？

二十四 破碎的镜子

越是擦拭
越是明亮
惊叹于那虚像
顺手一扔
被打碎的镜子啊
反而每一个碎片上
都映射出一个脸庞

二十五 爱情的碑文

那熊熊燃烧的火花
只留下一堆灰烬

我周围的一切
和那些美丽追忆
抛入灰黑的炭堆中
一一烧尽

转瞬即逝的那个夜晚
我挑亮灯芯
顺着流逝的浅滩
不得不把你送走

都说爱情是坟墓
那就轻轻地刻上离别的碑文

二十六 墓志铭

这块无名之石
苍茫地矗立在大地上
花开蝶舞的日子
一股凉风似悄然掠过山谷的过客
投入你的怀抱
请你用那美丽的灵魂
将过往心酸的岁月
永留这里吧

二十七 人生的尽头

时间在流逝着吗?
又或者，像无垠的宇宙静止着?
无边无际的空间和永不静止的时间
永远在流逝

那空间里的时间
赋予自身的
是人生的枷锁
是注定的命运

除此之外
我们一无所知
在有限的生命里
我们只能畅想未来
回想已逝的昨天

和相爱的人
留住世间的所有
去往那未知的远方
恐惧且悲伤的心
像先行离我们远去的朋友啊!

朋友啊！请告诉我
你的归宿在哪里……

二十八 我究竟是谁?

我认为了解自己
以往的回忆
仿佛就在昨天
以现有的时光呈现
猜测着未来的我
这应该就是全部生命旅程
过去和未来如同旅途的起始
跨过生活中的种种
在诸多过往回忆里
名誉、幸福、快乐、不幸
和对生死的思考便是全部

我究竟是谁呢?
不管如何深思也无从得知
我只晓得
那如流水般的日子
更不必刻意让别人了解自己
也许在不幸之时会更懂自己
即便在那样的现实中
我也不愿让别人知晓
更多
如同别人看到的我一样
我不懂自己
这仿佛就是人生

二十九 冬至病来

比想象深邃
比冬夜漫长
要再有多少的艰难困苦
才可到达那彼岸

孤独
是我的旧友
不眠症
是我那至毒之友

我那如蓝月光的心啊
挂在那西窗边
窗外的路灯
熬着夜
照亮那空荡的街道

三十 最后的礼物

转身背对你
我哽咽抽泣
就这样独自一人
居无定所地走着

那天空中
孤零零的云
被残忍的狂风困住
沁入我心田

我在行走的路上
遗失了梦想
就算这样
也不想悲伤

因为啊
这就是
你给予我的
最后的礼物

三十一 爱情是什么

爱情并非是幸福的果实
而是
另一个伤心的开始

春日某时
爱情如烂漫之花
开放 败落
再次开放 败落

爱情啊
在各种矛盾中
以心灵之花独立盛开

爱情
只是你心里暂时停留的云
在你心田独自徘徊
偶尔也让你欢喜
更多会让你悲泣
两种不同的心
踌躇并诱惑着你

当你患有
这世界最严重的心之病时
你也是这个世界上
真正得到爱情的人

爱情是
再次离别的开始

三十二 惜别

稀疏芦苇花的上空
那彩霞的光
掉落在山坡上

你向着山脚
我向着山脊

为何这日暮的路
我们背道而行

雨滴坠落在衣襟上
那漆黑的夜让我恐慌

你在山脚
我在山脊
让我们约定
彼此的归期

三十三 痕迹

夜雪跌入小巷
我独自行走着
那弱小的影子
一边哭泣
一边跟随着我

像是丢失了什么
原路返回
只有我那浅小的脚印
不离不弃地追随

像是丢失了什么
一直往回走
只有我那无数的脚印
凌乱地留在身后

像是丢失了什么
即使熬夜前行
也只有我那虚脱之心的痕迹
留在那里

三十四 悲伤之事

痴痴地爱着
一个不能相爱的人
这是今生中
最悲哀的事
呆呆地等着
一个不愿归来的人
这是此生中
最悲哀的事
不论何时
绝望与虚无
和那恍惚的欲望
还有
我那孤独与悲怆
总在那心间深藏

三十五 我最珍贵的

不是那
隐约闪烁的星语
不是那
波涛的回声
不是那
林间鸟儿的歌声
不是那
绿野上纤柔野花的诱惑
更不是那
虫子的哀鸣

对我来说
最珍贵的是
深埋在心里的
时而微笑
时而哭泣的你
永远唯一的你

三十六 刹那的幸福

刹那与瞬间的组合
便是人生
度过这匆匆的一生
只将幸福的刹那
珍藏于个人的心底
这样的人生
就会拥有永恒的幸福吧

三十七 青年人

年轻的人们啊!
请慢慢地变老吧
年长并非容颜苍老
就连对美好未来的期许
也将全部消散
它让人变得瘦骨嶙峋
作为社会成员
你也许会无立足之地
周围的朋友一个接一个地离去
最终剩下自己
孤独地在这世间
因为不经意间变老
请不要轻视老年人
你我都会老去
当你老了
也会黯然神伤
权力和财产如同浮云
朴实诚恳的变老之人
不会虚张声势和自欺欺人
对于年轻人来说，无论何等艰难
那也是幸福的瞬间
因为你们还年轻
慢慢变老自会自然到来

三十八 不眠夜

是谁?
在每个夜晚
毫无动静

也许
只是过往的一阵风

哐当作响的玻璃窗
像我的心
晃动摇曳着

是谁?
在每个夜晚
如此安宁

也许
只是我深切思念的痕迹

黑暗中你的身影
像一股气息
弥漫飘来

三十九 眷恋的心

即使是花朵
不断地盛开
春天还是要离去
孤独地走开
迷路的候鸟
在茫茫夜空
哀鸣着飞翔

就这样吧
顺其自然吧

即便前行
也只能默默前行

你难于捕捉它
或者任其远去?

四十 情

若那焦急等待的人
可否看见流逝的江水

若那焦虑呼唤的人
可否看见飘逝的云彩

没有那等待的人
和那呼唤的人
只有
来来往往 反反复复的心

就像那
春天里的花蝴蝶

四十一 迷路

丢失同伴的孤雁
在漆黑的夜里
沿着断崖的边缘
独自飞行着

你的哀鸿
填满这夜空
这是个孤独的陷阱
在那里行走的脚步
总是如此沉重

四十二 邂逅

看到了树叶
才发现
现在刮着风
即使是猛烈的风
也是看到那摇晃的树叶
才能感觉到的
定神深思
风停风止
这也是现在才得以领悟
这是个神奇的旅程
那被风轻抚过的六月新绿
路过南城
静静地窥视着
飞掠而来的踪迹

【自然世界】

一 大自然的道理

说起喜欢蜘蛛
蝴蝶会哭泣
说起喜欢蝴蝶
蜘蛛会抽噎
这样的苦与乐
便是大自然的道理

蜘蛛和蝴蝶是
捕食与被捕食的关系
这样的生与死
如同平日
各自负责
互不踌躇
也就不会胆怯

人为逃离自然
是不可行的
谁又不懂呢?
但是，没有必要苦恼
春天一定会来的

蜘蛛还会再织网
蝴蝶还会再飞翔
这便是
大自然的道理

二 星空

湛蓝的天空
只剩下孤单的
明亮冰冷的雪夜
找寻你的踪迹
将向何处去

君之友
唯蓝天，风与高山
满是闪闪的光
蕴藏着我那
爱慕的心

清冷的天
那黑夜里的悬崖
望着你离去的路
夜空中照着星星们的背影呦!

一座座高山
鸟鸣涧深的溪谷
走走停停的身影

整个世界
还有空空的心
只有用等待来填充
唯一不变的是
汝的一片丹心

三 无名草

割砍 拔下
虽然被遗弃
却依旧生根发芽
坚韧的生命难能可贵啊!

灶口火花般的初夏
从天落下
亦或田间迸发
柏油路上偏僻的旮旯
生命之根开始挣扎

绚烂的生命啊
在这炼狱的边崖
忍耐着诅咒与践踏
又生出一束鲜艳之花

四 晚秋悲歌

昨夜的风雨
无情地打落了
那无力的枯叶
满是雨水的道路
落叶层层堆叠

渗着雨水的枯叶堆
浮着一只可怜的蜜蜂
被打湿的翅膀
微微地张合抖着

可是
还有那被无情的雨水
拍打着的蝴蝶啊!
你又在何处
度过这哀情之夜?

五 下弦月

花开三月
离家的你
闰四月下旬仍无消息
等待啊 等着
消瘦了半个脸颊

我的心何等焦虑
即使把长发散下
也只剩半个脸颊

落叶散尽的秋天
那空荡的天空上
朦胧下弦月
摇晃着

待到来年三月花开
你难道依旧不归来?

六 波涛

内心深处
有一片孤独寂寞的海
今日波涛汹涌
哗哗作响

我的思念
寄托在海水中
那是你在地方
向着遥远的彼岸漂浮

在悲痛的心口
盘旋着的海鸥
它们的心情啊
无人知晓

七 花儿与爱恋

梅花
开放后迅速凋零
之后会有梅花再度绽放

爱情之花
盛开后凋谢的话
不会再以爱情之花绽放

八 白头翁

这生命
在世不过几载
却早已
此般苍老

那青山上
蜂飞蝶舞
山花
更是烂漫

白发下
弓着背
身心疲惫
在那人迹罕至的荒山里
以悲痛之花
活着

九 熔岩

撼动着地轴
激怒地喷出

在漫长的岁月
悄无声息地被燃烧的爱情
逐渐红热

撕开胸膛
吐露出你那血泪
凄怆的爱情伤痕
崩溃的嚎啕

十 夜

离别的悲伤
被黑夜吞噬
静寂之后的呼声
是你那浑壮之音
猛烈袭来

夜
那巨大的墙壁
我独自被关在那里
终于
连细微痕迹的灯光
也只剩下冷寂

用飞快脚步走来的
灿烂的东方黎明
也抹不去那夜的影像
那是唯一的永远

十一 枣

吮吸着
太阳的热情
直到肌肤
被晒得通红
这枣子啊
今日
想你的心
和着慌乱的秋色

每一个害羞的脸庞
都讨人喜欢

十二 风

无声而来
不语离去
悲伤的流浪精灵

就这样
即使无节操地满世飘荡
即使迎来污蔑的目光
永久停留在某个地方
是你永远悲伤的梦想

凭你之力无法站起
凭你之力无法鸣叫
就这样弱小的你

今夜啊
躲在叶子怀里
风儿在哭泣

十三 叶落后

叶落后
假如飘往山上
浮想的叶子
激昂地飞翔

可是啊
却有这么一片叶子
不愿腾空飞起

只在原地
在无奈地四处盘旋
就让我
永远地在那停留

十四 某日影像

你的身影
似涨潮般涌来
浸润干涸的心

雨伞下面
你那笑脸
照亮了黑夜
密密麻麻的星辰
低声耳语
被我拥入怀中

没有华丽的外衣
也没有装饰的花啊
拥着那沉醉在千里香的蝴蝶
深沉地睡着

十五 秋夜小曲

沙沙 簌簌
落着叶子的山路
离去远行的你
拖拉着双足

蟋蟀鸣叫着
这漫长的秋夜
怎只有我独自守候

山高
水清
这是华丽的江山
秋光也异样明媚

沿着已远行的山路
像是要归来
唧唧吱 唧唧吱
鸣叫着 等待着
煎熬着这秋天的夜

十六 风

无声而来
无语离去
无言的流浪者啊！

这也被误解为无奈地徘徊
即使遭受凌辱的目光
能有一处栖息之地
那便是永远的梦

单凭一己之力无法屹立
甚至无法哭泣的
软弱的你

今夕何夕
在丛林的怀抱里
风儿依然哭泣

十七 飘零的树叶

告别啊，离别
令人心痛的别离啊！

纵然屈膝哀求
你那顽固的心啊
终是吞噬着无情的泪水
茫茫然走在大街上

僵硬的身上被红色渲染的心
在不时刮起的微风中
无处飘零

十八 天意

破碎坠落的天空
参差涌起的大地
这是一场震源未详的
强烈地震

这震动
摇晃着大地
之后甩下几波余震
最后如死一般的静寂

局促的呼吸声
笼罩着全身
这声息却逐渐消失
身体的热气
也慢慢地冷却

只有这急促的呼吸
还能意识到
我依然活着

十九 黑夜

我的心
因为是黑夜
所有的一切
都仿佛离我而去

又或者
所有的一切
都离我而去时
我的心
变成了黑夜

躲在云朵后面的月亮啊
来无影 去无踪
唯有那缥缈的烟雾
笼罩着我的心

二十 路

一步步
留下一串串脚印
泪早已干涸
重复着往昔
陷入了泥潭
又苦于挣扎

花儿飘落
那是结出果实的信号
悔恨的重量
系在心间
踩踏着
那铺满落花的路
不管怎样
还是要继续前行

二十一 无常

到了气温骤降的季节
明天将降至零下一度
漫步屋顶
有几只小蚂蚱
蜷缩在皎洁的月光下
温暖着冰冷的身体
突然
萌生一个有趣的想法
将它们捉住
放于温室的花草上
过一个温暖的夜晚

二十二 石菩萨

烈日如鞭
在那暴晒下
也不会丧失微笑
即便是对那风雨的诅咒
也要宽恕和忍耐

直到我死去
也只会为你
祈求永世幸福
我的身体
在漫长岁月里
被风雨磨损碾碎
即使成为一粒沙子
我也不后悔
更不会
掉一滴眼泪

二十三 吾与花

花若盛开
吾便跟随
让心花怒放

花落之日
对汝苦思
杜鹃悲而哭泣

只是短暂地
停留又离开的你
吾并非不知
轻嗅着心里拥抱着的香气

恰似春来又去
我的心
开始了等待

二十四 杜鹃

月光
悄无声息地抚摸着
独自度过漫长夜晚的
这可怜的心

去山庄的路
被烟雾包围着
在那等待着离去的你
归来 归来
等待着
杜鹃也哭泣着

二十五 红枫叶

投入你怀中
对这世界
有太多无可奈何
我那被灼伤的心

最后啊
还是无法摆脱
这必须要离开的命运
又有谁懂得
这通红的
心灵之痛

二十六 云雾

激烈的暴风过后
看着那
被砺炼过的树林
像未燃尽的火花
像未烧完的热情
云雾啊
包裹着整座山
旋转迷绕

那是你的气息!

二十七 珍珠与贝壳

无我无你
正如无你无我
两者合二为一

你中虽无我
我中却有你
怎奈这般模样

这颗心
包裹着伤口
活过五百余载
死后才会明白

二十八 老人与老松

台风席卷而过
世界杯主题公园的树木
到处伤痕累累

即便如此
那老松树不折不断
只是倾斜着
如缠绵病塌

要赶快啊
奖他们扶植
撑上支架
浇灌营养液

拖着病侵之身
毫无气力的老人
溜于园中
在那里停驻
呆呆地望着老松

二十九 诱蛾灯

远方那妖艳的微笑
仿佛在向我招着手

那纯情的目光
和妖艳的身姿
整夜都在引诱着

在这孤独的夜里
何不变成一只飞蛾
扑入你怀中死去

三十 道与自然

云朵
终落成雨
以溪水流淌

溪水
又升化为云
翻过山巅

汝之心
越过山岗
吾之心
又何处安放

三十一 朝露

那是在叶子的怀抱
熬着夜
晶莹的泪水

即使被冷风吹
它也不会诉说害怕
那是一夜间倾覆后落入凡间的珍珠

过去的日子
无论如何清除
也被束缚在
那个被叫做命运的怀里

深秋的凌晨
草叶上凝结着一颗颗
悲伤的烙印

三十二 化身夜雨

夜雨
时而坠于落叶之上

在那空街
无言地转过身
凄凉的
不只是那路灯的光吧

这深夜的险途
怎能忍心
让你独自前行
只剩自己
吞咽着眼泪

每个转身的脚步
都化作夜雨
滴滴落下

三十三 海

大海
吞噬着天空
它将我吞食后
唯有波涛在哭泣

内心深处埋藏着恨啊

大海
你只是看起来像海
唯有波涛在哭泣

三十四 落花

自然地开放
自然地凋零

在天地间
那向着绚烂夺目的爱情啊

爱恋过后疲惫的心
伴随炽热的思念
连痛苦也变得让人怜惜

那天离开的你
就像潇潇落下的花瓣
我无奈转身离去

那山和原野上被落花浸染的
你的影子
何时可曾被抹去?

三十五 雪

从天而降的精灵
乘着灯光
雪飘飘扬扬
每位行人身上
都有洁白雪花落下

虽然没有什么缘由
弥漫的漆黑中
只存留脆弱之心

即使没有什么牵挂
还是无休止地飞舞着
从天而降

空荡的心中堆积着那洁白晶莹的
从天而降的雪

三十六 蝴蝶

长长的秀发
白白的衣裳
在那花田中
与风共舞
莫非
这就是天上的仙女
忧郁的头帘
微微地晃动
你抱着一朵五色花
如同醉酒一般

看着采蜜的你
不过一会儿
那回忆的影子
飞拥入我的怀里
拥有妖娆身姿的你
是那花田里的白蝴蝶吧

三十七 春日路口

湛蓝的天空上
飘浮着朵朵白云
仿佛掠过我身旁的春日之歌

蜷缩了整个冬天的云雀
鸣叫着飞上高空
我的嘴唇仿佛触到温暖的春天
它也拥抱着你的身躯

整个冬天
沉睡的你
在春日路口舒腰展臂

我那孤独的心
和明媚的春风一起托起平原
溪边的柳树也在摇曳摩挲
青苔攀过陡壁
你到来的气息
晃动着沉寂的落叶

不知不觉之间
朦朦胧胧的雾气升腾之日
伴随花朵离开的
是一颗爱你的心！

三十八 荒宅

流泪的你
怜悯地抚摸着
最初澎湃的心

漫长的岁月
我们化茧为蝶
在春天和原野
翩翩起舞

又是为了谁
向那远方出发
你转过脚步
坐回废墟的园中
泪水横流

这扭曲的屋架
和干枯的藤蔓
这爱憎交织的岁月
如那褪色的年轮

三十九 枝头飞鸟

暴雨或飞雪来临
又或烈日骄阳
都不曾发一言
独坐树梢
遥望天边
你在等待什么

为了人世间
栖息的那棵树
那枝头又发新芽
你也无法永远摆脱束缚
在湛蓝的晴空中
等待自己下一个结局

附录三

李尚圭代表散文选摘

情

压抑沉闷的首尔，令人窒息。而生活却像环环相扣不停旋转的齿轮一样，让人不得不面对。恶劣的交通环境，污染严重的空气，如此牢笼，我们却一刻也无法逃离。从早到晚东奔西走，忙得晕头转向。一天下来，身心疲惫，就像霜打了的茄子一样。

终日疲于生计，无半点闲暇时间的首尔生活，常让我莫名其妙地感到烦躁。每当此时，为了调整疲惫的身心，我多半会走到自然中去。不知从何时起，我开始习惯性地去一个地方散散心，缓解疲劳。遇到思念的亲人或挚友，我也会和他们一起到那个地方开怀畅谈。

过了丁字路口，朝着北汉山城方向绕行500米左右，便能看见通往日迎方向的丁字路口，再往前走一点，有一座桥，过了桥便是京畿道高阳郡。[1]

路边零零散散分布着种植花卉的农家，这个地方的道路有一个特点，就

[1] 旧把拔、日迎均为地名。

是修整得很好，一点儿不比城市的道路差。沿着弯弯曲曲的山路行驶，左右的风景仿佛是一幅水墨山水画。到了春天，卖草莓的窝棚在路口守候，秋天路边则开满了旺盛的波斯菊。这些都让人想起中秋时的回乡探亲路。雅致的窝棚，曾和亲密爱人一起喃喃私语的地方，到了冬天却像一个不吉之物，甚至会让人觉得触目惊心。

过了日迎游园地和长兴游园地的入口，爬上坡就能看到新兴游园地的标志。从这里再沿着小路走一公里左右，能看到一处老房子。

这处并不常见的“奶奶家”是山中一特色，既没有招牌，也没有门牌号，给人一种恍若隔世之感。锦绣河山，山明水秀，孤零零的“奶奶家”备受老姑山灵气滋润，自然就成了远近闻名的游客歇脚地。据说从松湫流至日迎的水，需要打九个弯，故被称为“九曲水”。就首尔近郊而言，很难再找到如此闲适的景区。

每当为工作所累，因周遭人群而感到心烦意乱时，我便会去“奶奶家”。追其缘由，决不单单是为了追寻儿时老家香喷喷的锅巴汤味道，也不单单为了欣赏秀丽的风景，也许是感动于老奶奶对待客人的一片热心。她弯弯的脊背就像一面凸出来的土墙。干净简单的小菜，精心炖制的鸡肉，饭菜中透露出的热情宛若母亲的拳拳爱子之心，恍惚间我仿佛看到故乡母亲的身影。

位于杂乱木头间的“奶奶家”小屋，对于回忆幼时场景，酝酿诗情的我来说再合适不过。能在这远离现代文明尘垢的小屋，和所爱之人重温学生时代平步青云的醉人美梦，不正是百忙中难得的闲情雅致吗?

不知从何时起，物质万能主义在整个社会泛滥开来，祖祖辈辈代代流传的温情悄然褪色。在这世态炎凉的社会，对于规划明天的现代人而言，“奶奶家”的小屋则是一个幸福的摇篮。尽管有人会说这是等价的商品交易，但待人的情谊却会因人而迥异。

回家的路上，也许有一股情谊之泉在我内心某处流淌，驼背奶奶那洋溢着热情的目光一直浮现在我的眼前。

五台山寂灭宫

晃眼间，季节的脚步已迈过秋天的门槛，陷入冬日的沼泽。绚丽燃烧的落叶一片片地飘下，只剩下孤零零的枝干。北风呼啸，光秃秃的树木瑟瑟发抖，陌生的乌云探头探脑。看样子就像天气预报说的那样，今天会下场雪。

春天的山路百花绽放，夏天的山路绿荫成行，秋天的山路红枫绚烂，颇有一番韵味。而冬天，攀爬荒凉的苍山，战胜狂风，站在山峰之巅时的感觉就像拥有了全世界，令人感慨万千。廉价的成功怎能同浸满汗水的人生相提并论。冬日的山峰苍凉无情，而冬日的山路却像生活中传来的捷报，同时诠释着苦尽甘来这一成语。我们约好了凌晨六点在良才洞居民会馆前集合后，去攀爬五台山毗卢峰。

天空像极了乖戾儿童的脸，好像马上就要有眼泪落下来。像天空一样面目表情的大家三三两两地来到了集合地。厚重的衣服，简单的行装，脚步却是轻快的。大伙儿都坐下后便开始清点人数，就像小猪郊游时清点数目一样，一会儿多了，一会儿少了，最后说大概都到齐了，便乘车出发了。

很快我们离开首尔，脱下了城市的外衣。雾霭沉沉，视线越来越窄，一路走向原州、安兴、珍富、大关岭，窗外飘起了雨夹雪。下雪的冬天是浪漫的。我们疾驰在茫无边际的雪原上，到了山前。在月精寺小心翼翼地绕过狭窄的溪谷小路，来到了上院寺。夏日里郁郁葱葱的树林一袭白衣，诱惑着我们一行。站在半山腰回望来时的路，顿时有一种新天地之感。老人峰方向是通往东海的小金刚溪谷，我们决定攀爬五台山的顶峰——毗卢峰。

深山中有的树木歪歪斜斜地躺着，间或也有树木直指苍穹。山中的小溪流向汉江，我们喝着从溪中取来的泉水，一路向前，汗如雨下。呼吸也变得急促起来，大家不再交谈。没有人在前方呼唤，我们仍要前行。明知终归要下山仍要攀登，这就是人生，我们的生存之路。浓雾时不时从前方袭来又飘散，越往上爬，雪下得越来越大，昨夜盛开又凋零的雪花重新绽放。曾有人说，雪花就是雪之花，即白雪所绽放的花朵。

一路攀登，两个多小时后，伴随着巨大的回声和凛冽的海风，我们一行在毗卢峰寂灭宫前合影。走进不见僧侣的寺庙里，发现“雪花”坐在那里。身着白衣的年轻女子宛若雪花一样在那里沉思。她的双颊变得红扑扑的，不知道灌入了多少寒风。她在那里跪了多久啊！酸疼的双腿如何是好！我们对着佛像静静地拜了十多下，就像花丛中的凤蝶扇动翅膀一样。庄严肃穆的寂灭宫分外幽静。与其说是幽静，更像是原始的静寂遍布在各处，无声无息。皑皑白雪面前，大自然、毗卢峰、你和我、寂灭宫、年轻的女子和太太都变成了雪花。

而我却未能像雪花一样洁白无瑕。就着便当，一杯烧酒喝下去，天下成了我的，寂灭宫也成了我的。有关雪花的记忆，我一辈子都将无法忘记。我想现在毗卢峰的雪花也正在盛开，寂灭宫的雪花也正在凋落吧。

白鹭飞翔

逃离冷漠残酷的社会，扑向自然的怀抱，哪怕只有一天，也是多么幸福的瞬间啊！对于丝毫不敢松懈，辛苦度日的城市人而言，这是一个小小的愿望。晴朗夏日，我离开首尔，奔向昭阳湖。

悠闲地沿着昭阳江环行，经过一个不知名的山脚，白鹭在湛蓝的天空下，悠然自在地挥动着翅膀。就像经过了长途飞行在跑道上着陆的飞机机翼一样，它展开左右白色的翅膀，向着草原，悄然降落。八月末的秋老虎发着余威，安谧的田野，明媚的阳光洒向草原，静静流动的山风仿佛因酷热筋疲力尽，一片静寂。

微风徐来，小草无法掌控自己发福的身躯，在风中摇曳。在大自然的安排下，井井有序的寂静，让生活中疲于奔命的我停住了脚步。安静平和的草原上，悠闲徜徉的白鹭，仿佛陷入了深深的忧愁，又像在静静等待着某人。我呆呆地望着长颈白鹭，它的身姿让我着迷。

白鹭长长的脖子在古文中被人们用来表达等待。懂得等待的白鹭，不疾不徐的身姿，诠释了古代文人的气质。白色是纯粹的象征，是洁白的象征，富含韵味却不炫目，高尚却不孤傲。

不知是否是因为被称为白衣民族，韩民族喜欢穿白衣。从另外一个角度来看，白鹭的身姿同韩民族的气质是如此相似。引吭高歌，翩翩起舞，以此来俘获对方芳心的优雅白鹭，它的身姿不正体现了素雅、坚韧的品格吗？

很久以前，我们的祖先从白鹭身上学会了等待，学会了欢呼的歌唱与舞蹈，学会了默默行动，沉稳从容，在苍穹中徐徐展开希望的翅膀。拥有懂得原谅，不入堕落之地的雅士气质，从而懂得沉默，懂得享受孤独。

白鹭美丽的身姿不正是那放空心灵，与自然为友，风流倜傥的儒士之姿吗？沉醉于这幅生动的画卷，我写下了如下一首诗。

《鹤》

洁白的身躯
在八月的苍穹下
像翅膀一样展开
千年忧愁

好似无奈
又似呐喊
高昂着的
你那长长的脖子

千年之恨
深藏心底
扭动着脖颈
独立于绿野之上

现在我们的社会又如何呢？为了谋求一己私利，不惜残忍地践踏、诬陷他人；为了个人之乐，令更多的人皱眉愤怒；只信奉自身，不懂得等待；将信义弃之如履，利己主义泛滥成灾。

在这惨不忍睹的泥沼中，人们追逐着利益，为利益所驱使，大自然的每个角落都逐渐被物质万能主义所污染。当美丽的自然被文明利器破坏时，人类美好的心性也会随之被破坏。

我担心，在不久的将来，有着儒士之魂的白鹭也会在这片被污染的土地上身心俱污，无处可去，扑棱着疲惫的翅膀，变成彻夜在坟墓边徘徊的、令人憎恶的乌鸦。

绽放的雪花

不知不觉中，山川已跨过晚秋的门槛，迈入初冬的沼泽。竞相燃烧的各色落叶，开始片片凋落，不知不觉，彼此间的竞争已变得毫无意义。没有胜负之分，这才是自然法则。

有人说喜欢浪漫的夏日之海，有人说一定要去看看海鸥展翅的秋日之海，也有人说要让无边无际的朵朵浪花带走一切悲伤。曾经人声鼎沸的海边，波涛充满热情，化身为温暖的气息扑面而来，在怀里沸腾、呐喊。但此刻，所有的一切都结束了，都离开了，只剩下孤单的海边。是的，初冬的海，寂寞而萧瑟，我要扑向你的怀抱。不，我要将孤单的你用力揽入怀中。坚定了这种想法，在一个飘着蒙蒙细雨的日子里，我驱车出发了。

春天的溪谷，鸟语花香；夏日的浓荫，郁郁葱葱。而今日，枫叶精灵早已全都离去，萧瑟的空间，涂满了绝望的色彩，凸显着大自然的孤独之美。内心的孤独，一度像暗淡天空上的乌云一样，环绕着我，压抑着我的全身，如今却消失得无影无踪。我沉醉在神秘大自然的怀抱。来到了大关岭，在浓雾的遮挡下，视野渐窄。飘忽不定的云朵，撞到车窗，飘散开后又重新涌来。窗外，伴随着云雾，黑暗袭来。在这瞬间到来的黑暗中，我不知奔驰了多久，走过江陵，终于来到了目的地——洛山海边。

洛山海边，没有人欢迎我的到来，卸下行囊后，我陷入了沉思。孤独是什么？回忆是何物？你是谁？我又是谁？这一刻的时间给我留下了什么？就如无边无际的波涛一样，各种思绪阵阵袭来，我走向海边。

雨仿佛不谙世事，一个劲儿下着。飘雨的冬日，夜晚的海边，我得走走。心中涌起了一股孤独的冲动，在这冬日的晚上，汹涌的波涛一浪接着一浪，我想独自走走。海边的路灯映照着天空，灯光中飘落的雨点无力地拍打着沙滩。茫茫大海中的波浪，呐喊着奔涌而来，掩盖了我沙滩上的脚印，敲打着我的心房。仿佛在无声无息间，一股脑儿带走了我生命中的伤痕。

波涛弄湿了我的脚印，无言地退去。它不单单弄湿了我的脚印，更是浸透了我的心灵。立在漆黑沙滩上的我，恣意地淋着哗哗而落的雨，把心灵放飞至彼岸。我转身往回走，把那颗不知归途的心，留在了彼岸。脚步踉踉跄跄，是由于喝了酒吗？我得把这脚步和那颗飘忽不定孤独的心一起，全都扔在这沙滩上，然后再回去。

初冬的雨，整夜敲打着房间，到了第二天，仍没有要停的意思。这是怎么回事儿呢？是什么原因让我本应变轻松的心，反而更加沉重压抑了呢？

回家的路我打算走寒溪岭。沿着雨中弯曲而寂静的溪谷，我开着车吃力地向上爬。不知向上爬了多久，气温骤降，雨停了。浓雾环绕在半山腰，越过了山梁。没过多久，光秃秃的树枝开始发出白光。越往上爬，树枝发出的光越发地玲珑剔透。像在爱情中迷失的灵魂之火一样，溪谷开始燃烧。伸展的树木、纤细的树枝、不知名的野草、岩石上都开满了洁白的花朵。

雪花！雪花！那妖娆的身姿！那妖艳的微笑！我像被什么迷住了一样停下了车。在我心中沉睡的花，那花不正在我面前灿烂地盛开吗？风越来越猛，气温越来越低，雪花绽放得越发绚丽，大自然的奥妙不禁让人联想到雪之王国。

蓦地，曾经迷茫的日子里，和所爱之人来过这里的记忆掠过脑海。那是个初春，金达莱花的花蕾甜甜地微笑，林中鸟叫声不绝于耳，岩壁间的清泉断断续续、恋恋不舍地流向下游。那时的枝头，不时被怒放的山樱花所渲染，而如今在云雾的伴随下，枝头上绽放着那些不属于自身的外在之花，仿佛那花是自己开得一样。

是的，就像这样，大自然的法则与我们的生活法则是一致的。在干涸心灵的枝头上，不是我，而是你，践踏着我的胸膛，绽放着你的花朵……。这些，我们是从雪花那儿学到的。

望着漫天的雪花，我作了如下一首诗：

《雪花》

阴冷天空中飘浮着的
孤独的灵魂
轻轻环绕着山腰
绽放出喜悦的花朵

越过丘陵的丘陵
开满烟花的花蕾
绽放出朵朵雪花

瞬间，忧伤袭上心头，席卷全身。寒风中，我紧咬着冻得发紫的双唇，回到了车上。是的，那美丽的幻影不是我是你，不是我，是你！我在心中不停地重复着这句话，越过了寒溪岭。汽车穿过徐徐降临的夜幕，奋力奔向首尔——将对我展开温暖怀抱的地方。

等待之美

夕阳悄悄地滑下西边的山脊，隐藏了自己的脚步。夜幕像迷雾一样笼罩下来，道边的路灯齐刷刷地向天空伸出脑袋，同路边光秃秃的树枝一起，映照着我的脚步。

陌生的街道，我犹豫的脚步就像被套住了一样，停在了昏暗的巷口。是谁抓住了我，才停下的吗？我心里一阵激动，好像在这晚上会遇见谁一样。漫无目的的等待，在我自己无端的猜测中渐渐变得令人厌烦，漫长而无聊。

学生时代的青涩记忆，流逝已久。我想正是因为有这遥远的回忆，我才没有绝望，怀抱着明天的梦想。正是因为曾经年轻，不知疲倦的执着，驱使着我迈向那寒冷乏味的街道。反正人生不就是连续的等待吗？回头看看虚度的一日，我们也不会觉得太过遗憾，那是因为我们面前有明天。对我而言，如果明天不复存在，那现在我的心情会是怎样的呢？

昨日疲惫不堪，今日又将重复昨日。日复一日，哪怕是一丝成就，也不会在岁月里留下明显的痕迹……但正因为有明天，我们才不绝望，不放弃，期待着明天，坚强地活着。

有时等待让人感到颇为厌烦。看看表，再看看表，却发现时间好似静止不动。为了安慰空虚的心灵，我掏出烟深深吸上几口，也不知抽了几根。一颗心，狠狠吸进去的烟雾怎么也填不满，我胸中有的只是一颗空荡荡的心。

街道上的人群来来往往，茫然地望着天空的我，模糊的视线落到了他们的脚步上，随之移动。想着可能是自己认识的人，仔细去看，却只看到陌生的脚步像寒风一样从我身边无情地掠过。

一袭秀发格外透亮，随风飘扬的女子；无言的唇角荡起丝丝笑意，喜欢穿黑衣的明朗女子；如清澈的溪流般在我身边短暂停留的女子；昨夜梦中偶遇，在我心中埋下深深的思念，无声离去的女子。她离开后，空荡荡的街上，我在等着谁？来往的人流渐渐稀疏，这是过了多久？确认时间没有任何意义，而我却又习惯性地看了看表。是因为心急吗？守着并不确定的约定，时间一点点流逝，等待的女子仍不见踪影。说不定这是再正常不过的现实。明知道再正常不过，却仍继续等待的心。我们不正是在悠长的等待中体味人生，领悟爱情吗？不埋怨他人，不责备自己，不正是在追梦之心的疼痛中寻找爱情的美好吗？冬日的夜晚，朦胧的灯光映着昏暗的街道，不远处有个女人斜倚着路灯，两只胳膊交叉着抱在胸前，好像在等谁。看样子，她没有一丁点的不耐烦。悠然自得的她，站在幸福来临的巷口。我脑子里闪过这样的想法：与其说是在等谁，倒不如说是在那个地方待着。那充盈的时间，悠然自在的感觉抚慰着我的心灵。不一会儿，那个女子不知去了何处。看来现在也是我该离开的时候了。对我来说，今天的等待，意义有多大呢？而又会有多凄惨呢？我扪心自问，但得不出结论。随着时间的流逝，这将成为仅属于我自己的珍贵回忆。

很多时候沉浸在各种纷杂思绪中，很多时候抱着些许期待却心痛，那些时间毫无意义地破碎，虚无缥缈，散落一地。我记得我把心中巨大的石块用力掷向黑漆漆的夜空，离开那个地方的时候已是深夜了。

我在没人会觉得难过的空地度过了几个小时，空荡荡的街道，凋零的落叶掩盖了自己的足迹。时间流逝，周围渐渐地陷入一片静寂。在等待中成熟，在等待中萌发浓浓的爱情，在等待中创造人生之韵味，这种悠然自得的心态不正是人类才能拥有的美好性情吗？等待是人类的权利、义务，也是人类的幸福。我相信只有懂得原谅、懂得忍耐的等待才能给人类带来真正的生活。不懂原谅，匆匆忙忙、焦躁不安的一颗心会成为完全背叛自己的叛徒。我相信等待是幸福的天使，是精心打造的爱情珍珠，是真正的生活之花。

我深信今后那晚落魄的等待会变成美好的回忆，再次涌上我的心头。今天我不也在呆呆地望着天边的彩霞，怀念那逝去的曾经吗？

金达莱的独白

一到春天，这片土地上便到处都是金达莱花的身影，大片的山野被染成血红色。金达莱花是我们民族之恨、之爱、之眼泪。

年少时，我常会爬上老家小山坡的坡顶。有一段时间我沉浸在莫名的忧伤里，倒也说不上有什么特别的缘由。我掐着金达莱花的嫩芽，边吃边唱："独自越过石头岭，念起曾经的恋人……。""故乡的土地离这儿有多远……。"

挡不住春日阳光诱惑的我，往往不知不觉地就睡着了。等感觉到凉意醒来时，不知何时太阳已西斜，但我仍不想回家，喜欢就那样静静地、蜷缩着坐在那里，眺望炊烟袅袅的村庄或数着不知不觉中绽放的花蕾。

少年时代曾经幸福的我，到了青年的时候，由于家里生意失败，家道败落，贫困潦倒。凭着在首尔读过大学的借口，我曾费尽心思，以期望在首尔能获得一处容身之地，但冷漠无情的首尔，不给乡下人留丁点立足之地，哪怕是能容身躺下的一平方米。

之后我便断了在首尔苟且偷生的念头，穿着去首尔时穿的衣服，我又回到了家乡平泽。虽然我想着要和大地生活，和大地亲近，但让怀着满腔抱负的我把青春埋葬在土地里，着实太冤枉了，这种想法会时不时地冒出来。

那天也是一个春日。我来到了年少时经常爬的山坡。但金达莱花却不是往日的金达莱，不是血色，而是暗绿色的，死亡的颜色。那个我曾经一待就待上大半天的山坡，如今让我待上一小时也是很困难的。

那时的我太累，没有心思去喜爱金达莱花，万千思绪在心中翻滚。一个月不到，我又离开了故乡，怀着不成功便不再回老家的决心……

之后金达莱花一直被我忘却，直到四十多岁。那时的我，一心只想着成功，跌爬滚打，忙忙碌碌，有时也会适当地骗骗人。但到了今天，我觉得这所有的一切都毫无意义。

不久前，早春的一天，不知不觉已迈过人生五十个年头的我和一位明朗的女子，开着咔嚓咔嚓响的车，在首尔附近毫无目的地奔驰。无意中爬上了一个缓缓的小山坡，那儿开的不正是被我遗忘的金达莱花吗？我随手摘了片金达莱的叶子递给了女子。那个女子在年轻的继母身边长大，是只受过伤害的鸟。她说有时想坐晚上的船或火车去流浪，但流浪过后面对重新袭来的寂寞又该怎么办呢？“生活也就是一阵风。哀伤也好、记忆也罢，到头来终会变得毫无意义。不管怎样活下去，就会明白生活不过是一阵风。”我像个圣人一样，对着她没头没脑地说了几句，但我知道，这也是一阵风。

望着轻轻摇摆的金达莱花，回首我那并不漫长的人生旅程，爱憎、欲望、仇恨、忧伤，这所有的一切也是风。

接着，我在心中刻下了一首诗——《金达莱独白》。

远山之巅的金达莱盛开时
空荡的心里留下些许凄凉
离别之苦浸染了一抹绚丽

那噩梦般的思念
蹂躏着我的身体袭来
无数次呼唤你的名字
我的喉咙已然沙哑

曾几何时
似花朵盛开的你那脸颊
在紧闭的唇边
微笑如花儿一样绽放

啊！像梦幻般摇曳的
金达莱香气
浸入我的心扉
闭上眼睛就能体会

寻觅的故乡

这都市生活仿佛不知被什么追赶似的，即便打开了窗户，敞开了胸怀，仍感到气闷。间或闭上眼睛，勾勒幼时的家乡风情，为自己贫瘠的心灵寻找安息之地，这便是我近期生活的全部。

不久前，我从被我遗忘了许久的家乡朋友那儿收到了一封信，内容是时隔四十年，首次举行小学同学会的通知。我把信放入怀里，品味着遥远的回忆，历历在目的往事浮上心头。一涌而来的乡愁让我热泪盈眶。

每逢春天，漫山遍野的花香笼罩全村，时至今日，故乡的山水是否依旧呢？会不会在迈向城市的过程中，在推土机的车轮下，变得支离破碎？无谓的担心徒然升起，令我心头一热。

四十年过去了，江山也足足变了四次。[1] 怀着一颗忐忑的心，我殷切地期望着家乡的山河能永久不变，哪怕全世界都变成了蒿草地，被机械文明的利爪抓得遍体鳞伤。

冰冷的首尔，残酷地压制着生命，在这样的城市中生活，哪怕是一个小时的空闲，于我而言也是一种奢望。时间就像密密匝匝连续不断的渔网，无论如何也无法轻松度过漫长的一天，这便是我的处境。如此迫切的一天，四十年来终得一见老友之面。浮现在脑海中的印象越发地清晰，嬉笑打闹、

[1] 韩语中有“十年江山一变”的俗语，意指随着岁月的流逝，所有的事情都会发生变化。

学习成长的校园，还有那种思念。时间之剑与乡愁之盾猛烈地撞击，在我心中战斗，血迹斑斑。

电话铃叮铃铃地响起。明后天，不，日后几天守着家里的电话，需要处理的重要事情又把我的手脚紧紧地束缚了起来。为了养家糊口，为了生存，无法避免的紧急、特急事件正待处理。

怎么才能挣脱并撕毁巡捕厅束缚的大网呢？真让人头大。时间的奴隶，没错，城市中的现代人分明就是时间的奴隶。迫切而又难能可贵的时间，禁锢着喘息的每一个人。灰色的城市，文明的化身，令人心生埋怨。那些在家乡蔚蓝的天空下，自由自在地奔跑雀跃，拥有自由时间的人们，他们的心情该有多么地迫切，我又有了新的体会。

有价值的事情要用勇气去争取。我下定决心：抛开所有的事情，去参加同学聚会。需要电话联络的事情全都推到回来后再处理，这个决定让我不禁怀疑自己。愁容满面的妻子哽咽着责备我到底想怎样，难不成想要找回以前的奶嘴？店里一刻也离不开人，怎么能说走就走？面对急得直跺脚的妻子，我仍然义无反顾地转身踏上了归乡之路，仿佛那是我的飞黄腾达之路一样。

这实在是命运的瞬间。忘却现实烦恼的道路是用来回味记忆的。我试着描绘了一下小学时的画面。小学离老家有十里地远，我在那里度过了六年的时光。当初成群结队，像小马一样奔跑，风雨无阻，一成不变。曾默默欢笑过、哭泣过的教室和校园，还有路边的风景——杜鹃花、老姑草、杏树、梨树、沙果树，这条通往果园的道路，正是妻子所说的，我所思念的奶瓶。

首尔生活对任何人来说都是一个深渊，充斥着紧张、不安、焦虑和烦恼。离开这个深渊，在寻找童心世界的道路上，期待和喜悦的前奏已悄然奏响。幼时学校教室里音乐课上，风琴响起，合唱的歌曲声震动着窗棂，嘴唇已化身成美妙的木管乐器。广阔的田野上飘来孩子们的歌声：“小明和小红住在一个村子里……”

这便是能真正体味到丝丝温暖的乡情。我仿佛成了小明，一颗心满满的。当初和我在村子里一起快乐玩耍的小女孩是谁呢？是顺熙吗？还是玉顺？不，还是那个笑起来牙齿像水晶，圆圆的脸盘像个月亮，被叫做“满月姑娘”的孩子？那她现在嫁了人，又有了几个孩子呢？

山背上的榉树上，一群喜鹊齐声地歌唱，代替了欢迎的礼炮。越过这山，就能看到家乡的村子了。故乡、母校、旧友，这些是多么温暖啊！她们在等着我，哽咽着呼唤着我，等待着我。我的心成了洪水中水车的轮子，激动无比。像少年一样，怀抱着一颗飞扬的心，踏上了故乡的土地。岁月在我脚边停留，恍惚的风景和面孔在我眼前一一展现。我像疯了一样放声高歌：“我生活过的家乡……”。故乡的风，原本在草中沉睡，这会儿也舞动起绚丽的裙角，欢迎着我的到来，溪水也在毫无保留地尽情歌唱。这里真的是我的故乡？

这是如今头发花白的我少年时代热爱的山川？朦朦胧胧的记忆，似醒非醒。我睁大双眼环顾左右。

曾经绿油油的田野，在翠绿的风中开垦的土地和稻田，故乡湛蓝的天空，都到哪儿去了呢？如今天空已不再蔚蓝，之前平坦的土路也不见踪影。山洪暴发之后的山路变成了峭壁，我曾拎着胶鞋，光脚从草丛中穿过的浪漫小路也找不到了。这是怎么回事？曾几何时，这条路也在现代文明的利爪下铺上了水泥，在那儿等着我。路灯睁着像魔鬼一样的眼睛，嘲弄着我。

那悬挂在草屋房檐上的一根根冰棱柱子，化为乡愁仍在我心中呼吸。但当新漆的砖瓦房映入眼帘时，我不禁吃了一惊。

以往村里的小媳妇在井边对婚后生活大发牢骚，就像决了口的池塘一样，而如今，这种风俗也早已不见。井边围起了篱笆，开得红红火火的樱桃树也不见了。这消失的一切，变化了的样子都让我的记忆无法承受。

曾经的故乡，萤火虫在中秋深夜捉迷藏；葫芦花比草屋顶上的满月还要洁白；青鳉鱼群在村子前的小溪里嬉戏；红蜻蜓在秋日晴空下飞舞；耕地的拖拉机代替了牛，颇有气势地发出轰轰的噪声，震动着全村。在村口，我遇见了外国人，望着他们的面孔，我的后脖像被敷上了冷冷的冰袋。今天现代文明的洪水，带着污染，席卷了我们乡村的各个角落，以前的景致都跑到哪里去了呢？在这残酷的现实面前，我只感到脊背一阵阵发凉，我那淳朴的乡情一层层地沉淀，又沉淀，仿佛沉到了遥远的异国，沉到了某个偏僻的角落里。

梦想与职业观

房间里门铃声响起，打开门一看，是邮递员。他递给我几封信和一本书，让我在挂号信确认领取单上盖章。签完字，道过谢，我开门进了房间。我把个人信件和公司信件分了类，发现公司信件中夹了两张令人不快的单子，发信地址是警察局。警察局是维持社会秩序的行政机关，从那里发过来的单子，看都不用看，肯定不会是什么好消息。

我经营的公司是一个销售公司，从生产商手中进货，然后给遍布在全国各地的客户供货，通常有十多辆货车在工作。考虑到可能是有关车辆的通报，我拆开了两封单子。看完以后，我大吃一惊，那是同一天两次超速的罚款通知单。地点和时间不同，从这一点看，不是行政方面出了差错，而确实是由于货车司机缺乏责任感而造成的过错。之前在一个月内我也收到过几次超速罚单，那时候想着，人有时也会这样，便没有追究，让事情过去了，但这次必须得处理一下。这样想着，我给地方上的办公室打电话，确认了一下超速车辆的驾驶员。在电话里我还没说完通知单上的内容，办公室的员工就报告说，这件事他们是已经知道的，让我不用太担心。一个月超速六次，单是用钱来算，也超过了 30 万元韩币。且不说金额多少，不把超速当成一回事儿，超过规定速度几十公里违章驾驶，这不正是出大型事故的捷径吗？我反倒觉得神奇的是，车开成那样竟然没出事。

员工会议上，我总会把强调安全驾驶放在会议议程的第一项，再三嘱咐员工要严格遵守交通法规。我们就业工作，是为了能够生活得更幸福；若工作是为了开车，还需要以性命担保，那真是无能之辈的行为。这些话我经常说，恐怕员工们耳朵都要起茧子了。此事发生一周后，我去了一趟在地方的办公室。考虑到他是刚进公司没多久的新人，我打算让他特别注意一下，便问那个员工在哪儿，办公室的人告诉我，昨天已经劝其离职了。

那时公司内人手不够，员工不足给公司的正常运转造成了很大的影响。同时由于工作量过大，看着辛苦工作的员工，我都不知道该说什么话去安慰。在这种情况下，我虽然无法命令办公室负责人开除那个员工，但是作为公司运转的总负责人而言，事实上我内心深处还是期望能劝退那个员工。当然，如今这些都是已经结束了的事情，我还是有点纳闷，便问这个员工之前是干什么的。听我这么一问，所有的员工都讪讪地笑了，没有马上回答我。过了好大一会儿，一个员工告诉了我，听完他的回答，我不禁哑然失笑。当个赛车手，是那个员工的梦想。一直以来他从事着相关的工作，后来为生活所迫，来到了我们公司。换句话说，他算得上是业余赛车手。

所谓赛车手是指驾驶专用比赛车辆的专业领域技术选手。若是这样的话，他是打着一边在公司拿着工资，同时练习赛车技术的如意算盘，才选择了到我们公司就职。货车是多么危险的车辆，开着满载货物的货车，却像开着赛车一样，在一般公路上开足马力，全速疾驰，想想都会让人起鸡皮疙瘩。若是为了公司，发扬了牺牲精神，那颁发几个奖项予以表彰也是理所应当的，但即便再无能，又会有哪个管理者不能分辨员工如此明显的行径呢？

当然录用那位员工的公司也有责任。但不管是谁，在录用员工时，对于员工自己未开口提起的个人经历或习惯，哪能了解得一清二楚。那不是应该他自己自觉去处理的问题吗？若这样的驾驶习惯是在不知不觉中习惯性地显露出来了潜在的职业观，对此我真不知道是该称赞还是批评。

我深信一个公司牢固的根基在于公司的员工。作为公司的主力军，他们中间有多少人有着良好的职业观，这决定着公司的未来。如今我们社会上的职业观是什么样的水平呢？人们不去考虑经济滑坡的大环境，不管别人如何，两眼只盯住自身利益；不管对错，大声嚷嚷，想把世间一切都按照自己的标准来衡量；明目张胆地彼此算计、相互排斥。在这种情况下，追求安逸的享乐主义是不是会更加泛滥呢？

山蜘蛛之死

在搬来二层小楼之前，我们家门前院子里种有几棵桧柏、枣树、白玉兰、紫丁香。不知道是不是因为我的老家在乡下，我非常喜欢树木和花草。一搬到那个房子，我就在院子里铺上了草坪，又高价买来一棵高大的柿子树和一棵木瓜树种到了院子里。

搬来几年后，树木长得枝繁叶茂，院子也变得暗了下来。在背阴地方无法生长的草坪全都死掉了，潮湿的空地上，替而代之的是随处冒出来的苔藓。

我记得这大概是十多年前的事情了。那时我为了锻炼日渐虚弱的身体，在琴南里北汉江边滑水。[1]我想着早上先去一趟江南新沙洞办公室，然后再去琴南里滑水。打开房门，下楼梯的时候，不经意间，我的视线被木瓜树的树枝所吸引。明朗的早晨，阳光格外耀眼。缠绕在树枝上的蜘蛛网在阳光的照耀下，一闪一闪，我停下了脚步。如此这般画面已被我遗忘了许久，再次看到，我不禁有些恍惚，忍不住望了过去。只见一只山蜘蛛织好了网，在静静地等着食物落网。能在首尔市中心的院子里看到这样一只山蜘蛛，我顿感无比惊讶。从个头上看，这只蜘蛛刚出生没多久，非常小，但从它织的立体

[1] 琴南里，地名。

蛛网来看，是只山蜘蛛不会错。

“真神奇！”我感叹着，打开大门，来到街上，开始了一天的生活。这里是首尔市中心，又不是山里，它靠吃什么生存呢？它从哪儿来，又是怎样跑到木瓜树上的呢？它又不可能凭空长出来的，这么说来去年肯定有对蜘蛛在我家院子里的树上生活……各种各样的想法，一个接一个地冒了出来。虽然蜘蛛网织得很密，但它不可能顺利抓到食物的想法令我很苦恼。要是这样的话，在缺乏食物的地方出生，只能呆呆守着空网的山蜘蛛，很明显最后不得饿死吗？虽说它只是一个微不足道的小生物，但来到这个世界，没能走完自己的生命之路，却活活被饿死，这是多么不幸啊！一整天我都在琴南里江边的码头上仔细思考。找个办法！没什么办法吗？思来想去，也没找到什么妙计。抓些别的虫子放到蛛网上？不行，我虽不是什么了不起的宗教信徒，但是插手无益的杀生，并非美好之事，因为那样，我将成为残忍杀害另一无辜生命的凶手。想到这里，我便想不出有什么其他的好办法。所谓自然法则，就是按照非人为的、生态界的生物链自然延续，这才是美好的。

天暗了下来，码头上的灯亮了起来，我和一起运动的几个人聚在一起，聊着天打发时间。电灯旁边聚来大量的飞虫，实在是让人无法坐在灯光附近。这聚过来的众多飞虫，大部分是蜉蝣。这种飞虫幼虫时在水中生活好长一段时间，最后蜕变，飞向天空，之后马上会死掉。啊！就是这个！我把这些马上要死亡的飞虫抓住，放到蛛网上的话，那只眼睁睁等着饿死的蜘蛛，不是不用杀生也能救活了吗？一想到这儿，我从垃圾箱里捡来一个空饮料瓶，洗干净后，便开始捡那些马上要死掉的蜉蝣。当时旁边的人对我突然的行动感到莫名其妙，聊得热火朝天的人们忽然安静了下来。我没注意旁边的人，只是一个劲地捡蜉蝣。那时，记不清是谁了，问我捡蜉蝣干什么，我停下捡飞虫的手，回答他：“打算喂蜘蛛。”很明显，听了我的话后，不知我心所想的人更惊讶了。

晚上我小心翼翼地拿着捡来的虫子，回到了家。一到家我就打开门厅的灯，把死掉的蜉蝣扔到了蜘蛛网上，挂住了！成功了！山蜘蛛以为比自己大了好几倍的猎物撞到了蛛网上，在上边挣扎，便向离弦的箭一样冲了出来，从屁股后抽出丝，将猎物缠了一圈又一圈。我又用同样的方法给蜘蛛扔了几只，那天晚上我带着满足的心情，睡了个安稳觉。之后每次去琴南里滑水，我必然都会捡些虫子回来扔给蜘蛛，这样持续了几个月。山蜘蛛黄色的身体像个小珠子，伸着长长的腿站在蜘蛛网上，那气势好似率领千军万马的将军一样，尖尖的上下颌像极了号令长白山的虎王那锋利的虎口。一眼就能看出蛛网比以前粗了很多，覆盖的范围也大了很多。“这家伙吃得饱饱的，光长个儿了。”望着威风凛凛的蜘蛛，我边说边用手动了一下蛛网，山蜘蛛麻利地溜走了，看来它的身手还是一如既往地敏捷。

雨季结束了，夏日也渐近尾声，酷暑难耐的一天傍晚，传来了哒哒的发动机声，声音越来越近，越来越大。大喇叭里广播说正在喷洒消毒水，提醒人们注意防止药水撒到酱缸或者食物中。消毒车进到了胡同里，喷出像雾一样的白色消毒水，消失在巷子里。我不喜欢太浓烈的味道，便打开房门，走进了屋里。第二天早上我从屋里出来，找了找昨天留心观察的山蜘蛛，却没发现它的身影。藏哪儿了呢？我这样想着，在树枝缝隙中仔细找了找，终究没能找到。在我无意中低头看地的瞬间，才发现躺在地上的不正是昨晚还威风凛凛的山蜘蛛吗？我用手碰了碰，它一动不动，看来确实是死掉了。虽说是昆虫，但仍有一阵怜悯之心瞬间涌上我的心头。怎么死了呢？望着死掉的蜘蛛，我思考着其中的缘由。啊！对了！是的，凶手就是昨天晚上的喷雾消毒。就在为消灭害虫，随处喷洒的消毒水中，我尽心养着的蜘蛛凄惨地死于非命。人类，号称万物之灵，但这个地球不单单属于人类啊！又一个脆弱的生灵，惨死于人类的利器之下。

无人会为之感到悲伤的生命啊……

飞蛾出逃[1]

曾经发生过一件事情，让我明白某种行为对错与否，根据个体判断标准的不同，存在很大差异。事实是，直到现在，我们一直按照自己的标准来评判这个世界的对与错，大谈特谈，就像自己的判断绝对正确一样。

那是6月10号凌晨发生的事情。妻子的声音和往常不一样，听起来十分焦急。妻子说，小傻猫还在，但阳台上、衣柜上，到处都找遍了，却不见飞蛾猫的身影。我迅速起身来到了厅里。平时妻子让我帮忙弄点家务活，我都会偷懒，装睡或装作没听见，但是往往一提起动物，不知怎么回事，不知不觉，我的动作就会变得敏捷起来。每逢此时，妻子得觉得我是多么无情啊！

飞蛾在狭小的屋子里已经安分地待了好几个月，应该会在什么地方吧。这样想着，我找遍了各个角落。但都没有飞蛾的踪影。我四处张望，后来发现书桌上窗户旁的窗纱破了个口。“老婆，你看这个窗户，好像是从这儿逃走的。”是的，肯定是从这儿逃走的。昨天我还看到飞蛾爬上书桌透过玻璃窗朝外望，不知它是在看邻居高高的屋顶，还是在看那遥远的蓝天。望了好大一会儿，它才跳到了地板上。妻子说：“是的，就是从这逃跑的，几天前我也看到它透过窗缝仔细朝外张望，就像要把外边看透一样。”昨天很晚我还看到

[1]　飞蛾，猫的名字。

了飞蛾，估计它肯定是趁着早上天不亮偷跑出去的。飞蛾肯定认为，自己没犯罪，也没什么理由就被剥夺了自由。如果是这样的话，那只能得出这样一个结论，就是我们一家人喂它养它，精心伺弄它到现在，却是搞错了什么。说实在的，我也对它做过内疚的事儿，但到底因为什么，才让它试图逃跑，却无从得知。

我们家养猫的历史可以追溯到十多年前。江南新沙洞的仓库里跑进来一直长了癣的小猫崽，一直几天都不出去。我觉得挨饿的小猫怪可怜的，就打开罐头，给它喂了些肉和鱼。吃得饱饱的小猫更没有理由嫌弃那个地方，离开那儿了。尝到了甜头的小猫，即便赶它走，它还是会探头探脑地跑进来。大家都说江南好，商界政界的权贵们都来江南聚集，但是对于动物来说，装饰得非常精细的江南并非那么好。我听说当时有个员工，听到有人说猫对治疗神经痛有效，便想用小猫来做药材，把它关在了箱子里。

妻子得知这个消息后，觉得小猫太可怜，把它带到了城山洞的家，这便开始了我们家养猫的历史。

小猫长大后下了崽，很快猫的数量开始呈几何倍数增长。最多的时候达到了近 20 多只。那时也顾不得什么脸面，抓住这个人、那个人，凡是认识的，我都要撺掇别人领养小猫。为了能让别人领养猫，女儿曾乘坐公交车到三百里外的天安，也跑到了长湖院。有的日子里会接到电话，说领养走的小猫实在是没法养，让我们重新带走。每逢此时，我都会想，出大事儿了，晚上也睡不好。女儿也试着把领养小猫的消息发到了网上，但是五年前，由于国家出现外汇危机，经济急剧滑坡，领养小猫之路完全被堵死，电视里也经常报道很多人把养着的宠物偷偷地扔掉。

但是不知道猫们了解不了解这个情况，仍一心一意地繁衍后代。现在我们家里，必须采取紧急措施的呼声也越来越高。

虽然我也曾想过直接把猫全部转手给生意人，但是那样做，无异于把猫置于死地。我下定了决心：即便现在再怎么困难，也不能把猫送上死路。

猫一年繁殖两次，增加的数量可想而知。女儿提议采取最后的紧急措施——给母猫做绝育手术。女儿去动物医院了解了一下手术费用，每只需要15万元韩币。如此说来，要给三只猫做手术，就得花费一大笔钱，45万元。那又能如何呢？家人们商量了一下，觉得选择这条路看来是明智的，就这样定了下来。当时，国家经济不景气，我经营的小公司，也撤出了江南，在院子里盖了个仓库，可想而知当时经济情况多么地严峻。

在动物医院定好了手术日期，我们开始给未经驯化的猫做手术。给这些异常凶猛的家伙们洗完澡，把它们带到动物医院做手术期间，女儿手腕上的伤从没有断过。通过这种极端的办法，猫的数量开始剧减。自由出入后离家的家伙，因交通事故横死的家伙，就这样过了几年，到了几个月前我们搬家盖新房的时候，家里只剩下两只猫。一只是小傻猫，另外一只就是飞蛾。小傻猫是去年从外边捡回来的，那时它身上长了癣。飞蛾是在家里出生的，在它下了两倍多的猫崽后，被我们带去做了绝育手术。

为盖新房，我们临时搬到了马路对面的二层小楼，过了四个月，飞蛾就出逃了。但实在对不起飞蛾的是，我们曾经议论过："新房建好住进去后，这些猫怎么办？"新装修好的房子里不仅会有猫的骚味、猫毛，另外猫肯定会磨爪，会到处留下爪痕。一想到这儿，一家人谁都拿不定主意。我们在进行此类对话时，时不时会出现意见冲突，我的意见是在屋顶上弄个猫窝养着，而妻子却主张在一楼车库弄个猫窝养着。虽说是听不懂人话的动物，但是怎么会感觉不到这种紧张的气氛？据说宰相黄喜[1]在路上看见一头黑牛和一头黄牛在田里卖力耕作，便问旁边的农夫哪头牛干活干得更好，农夫用牛听不到的声音，在宰相黄喜耳边小声告诉他，哪头牛干活干得更好。宰相黄喜觉得农夫的行为很是奇怪，便问农夫为什么那样做？农夫回答道："虽是听不懂人话的牲口，但那些话怎么能让它们听见呢？"

[1]　黄喜，朝鲜初期的名宰相。

从那天晚上起，我开始在各个小巷里寻找飞蛾。之后的第二天晚上，经过家附近的巷子时，飞蛾慢悠悠地朝我面前走来。我万分欣喜，嘴里叫着“飞蛾”，赶了过去。但是飞蛾好像没听到一样，悄悄地逃进了旁边的胡同。虽然飞蛾出生的房子消失了，但它应该会熟悉周围的房子的啊！真正能让自己安心休息的房子消失得无影无踪，它得有多伤心啊！想到这里，我不禁替飞蛾感到可怜。雨天它在哪里睡觉？它在什么地方拿什么填饱肚子？想想这些，真是让人担心。

猫出逃几天后，我需要到中国延边去参加一个活动。我在中国也很挂念猫的消息，也往首尔家里打了多次电话，但是关于猫，我却总是没有勇气去问。几年前，我在地方的时候，打电话问过一只重伤猫的情况，结果就这样被抓住了把柄，被妻子好一顿说。在之后几次的家常通话中，我得知飞蛾被抓住了，但它又越过窗户逃跑了。更荒唐的是，女儿担心飞蛾再次逃跑，紧紧抓着它，抱它回来的途中，飞蛾在女儿的胳膊上又咬又抓，伤痕太深，不得不去医院接受治疗。

即便是动物，但是全家人都为它心疼，去找它，想帮它，这些它都不知道吗？要是这样的话，我们全家人对飞蛾始终是抱着一种错误的看法。

如今，飞蛾离开了，给我们家人的身心留下了深深的伤痕。它把人类自以为是的幸福标尺丢在背后，越过危险的窗户，匆忙消失在漆黑的巷子里。之后我们再也没能见到它的踪影。

老人与清洁工

我第一次来到首尔，扎稳脚跟的地方便是现在所居住的麻浦区城山洞。世界杯赛场所在的城岩洞就在城山洞附近，因此我比谁都要了解城岩洞的情况。如今一提起城岩洞，人们便会想起世界杯赛场。而提到世界杯赛场，又能让人联想起附近的和平公园和天空公园。而之前城岩洞曾是个被遗弃的小区，作为首尔垃圾排放地和排泄物处理地而广为人知。直到近年来，国家为了举办 2002 年世界杯足球赛，在此地建了足球场，对周边进行了整治，才有了今天这个样子。排泄物处理地变成了世界杯赛场，垃圾排放地摇身一变成了天空公园，真让人有种恍若隔世之感。

二十五年前我第一次搬到这里的时候，适逢暑期。一到阴暗潮湿的日子，整个小区弥漫着难闻的气味。大夏天也必须紧关窗户，这样的日子数都数不过来。不仅如此，苍蝇太多，家家户户都要准备几个苍蝇拍。当时的环境如何，可想而知。

俗话说："瓦片也有翻身日，东风也有转南时。"可以说直到今天，城岩洞才从背阴地儿变成了向阳地儿。这个例子很好地向我们说明了一个道理，那就是即便再脏的地方，只要人们肯花精力打理，也可以变得如此漂亮。

以前只是听人说世界杯公园很漂亮，我想去看看到底有多漂亮，发生了多大的变化，便走向了公园，顺便去散散步。公园离家大概 30 分钟左右，等我走到公园的时候大概是 9 点 30 分。公园建成后，这是我第一次在这里散步，对这里的一切都感到十分新奇。曾多次听人说起的公园，景致十分漂亮，让人无可挑剔。高耸挺拔的古松，设施完善的绿色环保停车场，水中涌起的喷泉和各种各样的灯光融合在一起，上演着一场光的盛宴。

湖边精心栽培的各种观赏树木，相映成趣，让人不禁联想到天上的乐园。坐在长椅上享受温馨一刻的恋人、家人，他们和灿烂明亮的路灯融为一体，更为此刻的公园平添了几分情趣。

我陶醉于公园的夜景，停下了脚步，在湖边的长椅上坐下，四处眺望，欣赏着美景，浮想联翩。巧的是在我旁边，有一个带着袖章的清洁工在整理清洁工具。这么晚了，他还在尽心尽责地整理工具，对自己负责的事情毫无怨言。望着这位清洁工，我反而为无所事事，闲来散步的自己感到羞愧起来。

环境清洁在我们社会被称为 3D[1] 行业，大家都避而远之。但不正是那些在角落里默默劳作的清洁工，将一片狼藉之地扫了又扫、擦了又擦，公园的这份美丽才得以维持吗？不只是公园，其他任何一个地方都是如此。深夜，思绪纷杂的我看见了一位老人。他在前面湖水中的芦苇丛前踌躇徘徊，像着了魔一样。到处都是路灯，在明亮灯光的照射下，虽看不清脸，但由于隔得不太远，我还是能清清楚楚地看到老人的一举一动。老人看起来像是行动不太方便的样子，他在那儿徘徊了好大一阵，慢慢地弯下了腰，一手撑地，一手在芦苇丛中捞着什么。行动不便的他在捞什么呢？我好奇心大起，留心观察着老人的一举一动。昏暗的路灯下，老人手里拎着一个大塑料袋。是的！没错！直到这时，我才明白老人为什么要在那里犹豫不决。老人肯定是觉得漂在湖面上的垃圾影响环境，他不顾自己身体不方便，从湖里把垃圾捡了出来。

拎着滴滴嗒嗒滴着水的塑料袋，老人走向了我身边的清洁工，静静地问他能不能把这个垃圾放到桶里。我被眼前突然出现的场面所吸引，仔细观察

[1] 3D 指 Dirty（脏），Difficult（困难），Danger（危险）。

起两人的举动来。面对老人的提问，清洁工大叔的回答却非常生硬，连我听到后都觉得格外刺耳。清洁工大叔待理不理地说道："朝那边走，有垃圾桶。你往前再走一大段，前边有很多扔垃圾的地方，你扔到那里去吧。"说完，他便若无其事地继续忙起了自己手里的活。我万分惊讶，心想："哎，怎么能这样……"

我觉得老人能在湖边徘徊观望，从湖里捞出垃圾，可能正是由于有个清洁工在他附近。对于如此短时间内发生的事情，我也不能站出来说东道西，也不能说两个人中谁做错了。不过确定无疑的是，这个场面真的令我感到非常不快。那个老人没有说话，只是在那儿待了一会儿，拖着行动不便的身子离开了。

老人紧攥着的垃圾，变得毫无意义。水从上边滴滴滑落，像失败者的眼泪一样。

疏枝与嫁接

树木生长时，若紧挨着旁边的树木，受不到阳光照射的话，枝干便会枯死、自动掉落。在树与树间距过窄时会自然发生这种现象，这是自然疏枝；人为修剪的情况则被称为人工疏枝。从 10 月开始到次年 2 月是树木生长的休眠期，这一期间最适合疏枝。疏枝时要用锯，锯出一个平行的截断面，针叶树的话要使截断面与树干平行，而阔叶树的话则要使截断面与树干的隆起部位平行。

如上所述，即便给一棵树疏枝也需要知识和技术。当今社会是一个起码得知道这一点才能活下去的社会。人为移植的果树，要想收获丰硕的果实，在它开花之前需要对其进行疏枝。没有一个傻瓜会说自己随意把枝干剪了下去，就以为完成了疏枝，因为在果树疏枝方面也需要专业知识。

嫁接是指为了获取优良品种，或为了收获可供食用的水果，将幼树的树干或长成的枝干剪掉，随后在那个地方接上要嫁接品种的枝条。举例而言，种下了柿子核儿，但是长成的树不结柿子，结的都是不能吃的黑枣，只有在黑枣树上嫁接柿树才能收获柿子。

那还是在乡下务农时的事儿了。篱笆墙内有棵大柿子树，不知是不是活到头儿了，柿子结得不是太多。刚好在柿子树附近长了一棵黑枣树，我计划在黑枣树上进行嫁接，想以此来取代老柿子树。这次嫁接我打算自己操作，便跟着叔叔认真学习了嫁接的方法。当年，选好了适合嫁接的时机，根据所学，我便尝试着进行了嫁接。之后忙于日常生计，连做过嫁接这回事儿我也给忘得一干二净。

直到过了几年，望着长得枝繁叶茂的柿子树，我开始期待着树上能早日结出一串串的柿子来。不能说有了正在成长的年轻柿子树，就把老柿子树给锯了。虽说老柿子树已经老了，但是到现在还是会结出不少的果实来。即使新嫁接的黑枣树能结出很多果实，充分满足需要，老柿子树也是需要照顾的，直到它死去。我心想着要是施施肥，说不定能结出更多的果实，便在柿子树周围挖坑施了些堆肥。

第二年，老柿子树上结出了更多色泽鲜亮、诱人的柿子。但不能说因为柿子结得多，就一直把希望放到一棵老树上，因为柿子树是有寿命的。我苦苦等待着，期待着能尽快看到新树上长出令人垂涎欲滴的果实来。又过了几年，我满心的期待瞬间化为了泡影。我曾想这是我自己亲手嫁接的，确信无疑会结柿子，但是造化弄人，嫁接的柿子树上结出了黑枣！虽然没人会说什么，但我自己却羞得无地自容。因为之前我看到嫁接的黑枣树开花了，想着肯定会结柿子，当时向周围的人炫耀了好一阵子。一方面我觉得有愧于家人，更重要的是，我好像通过这个把自己的无能显露给了别人。我担心别人知道这一事实，便把那棵树齐根锯掉了。

放眼当今的政界，若为了获取新东西，嫁接之后便将老树砍除的话，那曾经只有在秋天才可以感受到的一丝乡韵便会消失，梦想也会破碎，会给无数人的心灵留下难以愈合的伤口。万幸的是，老树未被砍除。谁会料到嫁接后的黑枣树不结柿子，倒结黑枣呢？在那一瞬间，我明白了：即便你怀着满腔热情学习了，也放出了大话，并且按照所学尽心尽力去做了，一件简单的技术活也还是有可能会不尽人意。虽说这是一件小事，但却给我留下了深刻的教训。若为了收获更丰硕的果实，误砍了树枝，那么果园也只是遭受一年的损失，忍到第二年便能恢复原样；但若把整个树干都给锯掉后进行嫁接，而嫁接却又失败的话，失去的将会是全部。

当今社会纷繁复杂，在这个社会上生存，我们必须明白：以令人面红耳赤的鼠目寸光为资本，单凭着血气方刚的劲儿往前冲，是无法让这个社会变成世外桃源的。同血性相比，目前更需要的是成熟和老练。

底层的重要性

冰冻的土地，春雨霏霏。

和煦的春光亲吻着脸颊，令人心潮澎湃，从南边吹来的风潜入冰冻的心间。春天，让人不由自主心情激动的季节，有着唤醒万物的威力。田野上传来阵阵嫩芽破土的声音，山谷间的鸟鸣声，伴着淌过岩石的流水声，汇成了一首庄严动听的交响乐。人们经受不住春光的诱惑，一有时间便向山间田野走去。

到了春天，在周末或者公休日路过山间溪谷的话，就能看到水库边到处都停着车。那是因为生活变好了，大家驾车出来钓鱼。钓鱼现在成了一种兴趣爱好，每个水库边都是人满为患。钓鱼工具各种各样，仅其数量就已超乎人们想象，以往和今日真是不可同日而语。

大家都说一旦喜欢上了钓鱼，就很难再放下。人们用吸毒来形容沉醉于钓鱼的状态，可以想象，钓鱼是一项多么容易上瘾的爱好。说不定正是因为如此，钓鱼的人才被称为钓鱼迷、钓鱼狂吧。

正是由于这个原因，钓鱼的人越来越多，对渔具用品的需求越来越大，相关生产厂家的效益越来越好。随着产量的提升，工具制作技术自然变得比外国更好。如今在我国出口产品当中，据说称霸全球市场的工业品便是钓竿。

钓竿之前用竹子制作，最近随着社会的发展，人们开发出了碳素竿，鱼饵也用人工鱼饵来代替。也就是说，鱼会被人用假鱼饵蒙骗，也会上当。从人类自私的想法来看，人们觉得对那些愚笨之物而言，连投放饵料或者蚯蚓都很可惜。就鱼竿的长短来看，有半节，也有一节、两节、三节、五节的鱼竿，从面前的水域一直到深水区的鱼都能抓到。就这还不够，现在社会上还有抛竿钓鱼，人们连水库中心地带的鱼也不想放过。土生土长的鱼没多久就绝种了，随后人们便把养鱼场的鱼，整车运过来，倒入水库，供人尽情垂钓。

那是三十多年前的事儿了。我中断学业，感到实在是在首尔谋生无望，便回到了老家。自乡下小学毕业后，从初中开始就一直在首尔上学的我，农活肯定是干不好的。犁地、背架活儿、地里的活儿、水田里的活儿，没有一个我能干好。春天到了，我也不会像别人一样忙得不可开交。再加上我们家水田是丁点儿都没有，土地也只有篱笆墙外的 2 亩地。那个时候，我在地里用砖砌了个小鸡舍，养了几十只小鸡，度过的每一天都觉得无聊透顶。

都说一年之计在于春，到了春天我却什么事情都没有，便下定决心开始钓鱼。忙碌的四月，家家户户都忙着耕田犁地，大地一片绿色，在大麦地田垄上挖野菜的妇女们，更给人一种安静祥和之感。春风轻抚着嫩叶，越过大麦地的田垄。

春光明媚的一天，我收拾好钓鱼工具，准备好了鱼饵。我用自己试拌的饵料和几只蚯蚓试着钓了一会儿，但过了大半天，连一条青鳉小鱼都没钓到。我觉得是由于位置不好，便来回挪了好几个地儿，围着堤坝转了又转，却无济于事。最后实在没有办法，我离开了堤坝，把位置搬到了茂盛的芦苇丛边上。但这里的水很浅，还不到膝盖，只有成群的青鳉游过，压根没办法垂钓。我仔细想了想，下定决心到膝盖高的芦苇丛里面去钓。

如果想在水塘里钓鱼，就得在水上设个座位。我想出一条妙计，就是用大木箱来做个座位。第二天，我背着木箱和钓鱼用具再次来到了水塘。当天是个典型的春日，万里无云。春风不时卷起银色的波浪，轻轻拍打着水塘堤坝。

那时木头段儿也非常珍贵。我把准备好的几个木头段儿砸进水里，用草绳东一道西一道地把大木箱拴在上边，一个水中底座便完成了。我小心翼翼地坐上底座，向着波涛涌来的水塘内侧抛下了鱼线。因为是在水上悬空搭的底座，每次波涛涌来都会晃来晃去。安静了好一会儿的波浪又开始调皮了，鱼漂随着波浪在水面上来回浮动。紧盯着鱼漂的我感到一阵眩晕，好像要往前倒下去。为保持身体平衡，我挺了挺腰，结果底座一下子失去了重心。我把想要后仰的身体向前倾了倾，却为时已晚。木箱子飞了出去，我倒向了水里。本来是想挣扎着不掉入水中，最终却掉进去了，自然是喝了非常多的水。如今的水塘污染严重，水下一尺都看不清。不过当时还是不知环境污染为何物的年代，水塘里的水非常清澈。幸好当初喝的是清澈的水塘水，如果当时连水也是肮脏浑浊的污水，真不知会怎样，想想都让人起鸡皮疙瘩。

就像这样，不管什么事，人们还未考虑周全，便匆忙打造出一个个不稳定的座位来。人在上边工作，祸事自然会找上门来。如今整个国家的人们都坐卧不安，大家都在异口同声地大喊自己坐的位置在晃动。如果不想摔下去，自己坐的座位得结实点才行。但现如今，即便没有风，到处也都是一片座位不稳的呼声。这不是能不能抓到几条鱼的问题，本来神智挺清醒的人，掉到污染严重的水塘里，灌下数口臭水后，恐怕也会患上重病吧！这真是个令人担忧的社会。

二道岗村寻访

3月10日，和龙市。和在韩国不同的是，那天的天气跟冬天的天气一样，超过了零下10摄氏度。我有睡懒觉的习惯，但不知是不是因为在异国他乡的原因，很早就醒来了。由于时间太早，起床的话也没什么事儿可做，只会是个乏味的早上，我便躺在床上回想过去的日子。

和龙是延边朝鲜族自治州的一个市，经济结构落后，街道也很冷清，就连路过的市民，脚步也显得没有生机。之前我在活动结束后，去位于边境的崇善镇或在去长白山的路上，曾路过这里几次，这个地方对我来说并不陌生。要说有什么不一样，就是那时是夏天，如今是冬天。吃完早饭，当地文化馆馆长给我们送行，我们一行便坐着出租车开往了二道白河。

小溪的周边是一片浓郁的树林，我们开始沿着溪流向上。陡峭的山谷和道路上随处可见还未融化的积雪。我重新认识到了北间岛是个多么寒冷的地方。这里就像大关岭的山谷一样弯弯曲曲盘旋而上，同大关岭不同的只是道路没有经过修整。因为这是为了伐木而修建的盘山路，非常陡峭。我们非常担心在雪地上出什么事儿，紧抓把手的掌心，汗一直没干过。走了又走，还是看不到村子，映入眼帘的只是一片片的原始森林直指苍穹。

11点30分，我们到了二道白河，从和龙出发到现在已过去了2小时30分。我们在一家朝鲜族阿姨开的江源饭馆吃到了香喷喷的锅巴，天南海北聊了会儿天，度过了两个小时。下午两点左右，又在那儿租了辆出租车，出发去长白县。

二道白河距长白县有 320 公里。在二道白河市区，虽时不时也能看到积雪的道路，但还没到非常危险的程度。一番讨价还价后，出租车司机说因为是长途，又是冬天开车，估计会很累，向我们提议让预备司机随行。从二道白河出发没多久，车速在铺满白雪的道路上不得不慢了下来，方向盘时不时不受控制地左拐右拐，让人心惊胆战。但是那里的司机好像不知道雪路行驶是件多么危险的事情，他们大胆的驾驶令我非常吃惊。轮子上不安防滑链，怎么能在雪路上行驶呢？我感到万分惊讶。还没走两个小时，不单是路，整个天地间白茫茫一片。没多久，出租车在一段陡坡的下坡路行驶时，车子一斜，车身左右一晃，最后一个轮子一打滑，结果栽到了路边的小土坡上。大家面如土色，惊慌失措地从车子里跑了出来。所幸撞击得不是特别厉害。为了把困在路边的车给弄出来，我们在车外同严寒斗争了两个多小时。费尽九牛二虎之力，总算把打滑的车从雪堆里给弄了出来。我一定要走这条路吗？我内心开始后悔。真的，当时附近要是有住宿的地方，二道岗村也好，赞助也罢，我真想放弃这次访问。千辛万苦把车子弄出来后，我们不得不重新坐上车。虽然多次叮嘱司机一定要小心，但心头的恐惧感仍挥之不去。很快，天色暗了下来。由于害怕得过了头，我感到了无奈，干脆死了心，一度让我神经紧绷的恐惧感开始慢慢地消失。我睁大了双眼盯着窗外，这路真是让人越看越担心。从消耗的时间和路势来看，我们貌似奔驰在鸭绿江发源地，长白山脉的下坡路上。不知是不是由于太过疲惫，睡意阵阵袭来，我咬紧牙关拼命驱赶也不起效果。不知过了多久，我从梦中醒来一看，在乳白色车灯的照耀下，车仍然在峡谷中穿行，时不时能看见积雪。从车灯照耀下的路边景色来看，我们已经从长白山脉高处下来好长一段了。11 点，我们到达了长白县市区酒店。经过整整九个小时的“决战”，我们一行人终于在住宿的酒店卸下了行囊。司机把我们安全送到目的地后，深夜又沿着原路返回了。我不禁慨叹：贫穷，不，生活是如此地艰辛。与我们一路走来的你们，一路平安。我心里祈祷着，慢慢进入了梦乡。

第二天早上我们一行人起得比较晚，同长白县文化馆馆长张德利[1]先生一起用完早餐，早上 11 点左右坐上出租车前往二道岗村。去年 10 月我们历经三天，从集安出发，经由长白，访问了延吉。司机是那时所遇见的司机，能再次见到他，我们感到很高兴。长白县是独一无二的朝鲜族自治县，是一个小城市，位于鸭绿江上游。江对面就是朝鲜两江道政府所在地——惠山。二道岗村距离长白县大概有一个小时左右的车程。我们开始沿着山涧小路攀爬。沿着陡峭的峡谷往上爬，快到顶峰时，整个世界完全变成了雪之王国。雪原上仅仅能看到针叶林和天空。这是爬了多高啊！蔚蓝的天空就在头顶，仿佛一伸手就能触摸到。

我发出一阵赞叹，让司机停了车。我有一种冲动，想把这幅美景永远保存下来。我迈向雪地去照相的瞬间，雪一下子没过了膝盖。东面的树林周围非常开阔，树林上边的山上覆盖着皑皑白雪。司机指着那里告诉我们，那就是白头山天池主峰。放眼望去，树林尽头，可以清清楚楚地看到天池，仿佛一下子就能摸到，不过据说从这儿到那儿的直线距离有 90 公里之遥。面前的美景超乎想象，一时间，我说不出话来。南面高耸的山峰据说是朝鲜小白山脉的最高峰——小白山。二道岗村海拔 1300 米，是蓝天下第一个村子。其实长白山天池下方奶头山上的村子不是蓝天下的第一个村子，二道岗村这个地方才是。据说二道岗村大概有 160 户左右，主要农产品是土豆。这里是地处蓝天下的宽广盆地，全年终日狂风呼啸，严冬的温度远远低于零下 40 摄氏度，从 10 月末开始积雪，等到来年 4 月末才融化。如此说来，这里的人有七个月都得在大雪的掩埋下生活，真是个雪村。

---

[1] 人名，音译。——译者注。

被雪掩埋七个月的
雪山
天空下
第一个村子
把天地都踩在脚下

整个冬天
冰冻的寒风
推动冰冻的乌云
肆虐的暴风雪
扁圆的山峰
也在暴风雪的扫荡中
不见了踪影

开阔的四周
无边无际的树海
与天空相接的树平线上
今日依旧
面向森林升起的太阳
又重新
跃过了森林

那个地方的教育机构有小学和中学。刚开始时那儿是个朝鲜族村子，但由于生活过于贫瘠，大概有 80 户左右的朝鲜族搬了出去，由汉族填补了他们的位置。如今曾经是朝鲜族学校的校舍也分成了两半，一半是汉族学校，一半是朝鲜族学校，教师也呈现两元化。

长白县龙岗乡二道岗村寄宿制小学，校长是崔秀哲[1]老师。二道岗村及

[1] 人名，音译。——译者注。

那些在长白县内未设朝鲜族学校的村子里的孩子们，这所学校允许他们以住校生身份入学，这便是这所学校的特别之处。换言之，身为朝鲜族人为了让孩子学习朝文，不把孩子送到汉族学校，而是送到了这里来“留学”。

学校宿舍里安排了一名做饭的阿姨和一名保姆，全年级的住校生一共有7名。每人每月的伙食费大概16000韩元左右，其中一半由国家提供支持，另一半由住校生个人负担。一个月8000韩元对我们来说虽是小钱，但对于这个地方的家庭而言，却是不小的一笔钱。这里一天的工钱是3000韩元，8000韩元相当于三天的工钱，更别提没工作的了。听了这个消息，我深为他们卓越的民族精神所感动，决定赞助7名住校生1年个人所负担的金额。写完了赞助协议，我把本年度应交的钱全额给了他们。钱虽然不多，但是我觉得自己做了一件非常有意义的事，满心欢喜，到这儿之前的后悔之情瞬间也一扫而光。同时我也承诺若有学生因负担不起个人应付的费用而导致无法入学的话，那部分费用由我承担。

和年幼的学生们一起合影留了念，午饭时我去了趟宿舍，问他们最想吃什么。“牛肉~”淳朴开朗、天真无邪的孩子们回答道。瞬间我的心里涌起一种无法言说的感觉，非常不是滋味。天真烂漫的孩子们，单是在一旁默默地望着，就好像要融化到自己的眼睛里去。父母为了让孩子接受更好的教育，噙着泪水，送孩子离开自己的怀抱，真是可怜天下父母心啊！

在二道岗村，我是第一个外国客人，如此偏僻山村中的山村。虽说来这里学习的小学生们除了熟悉每天所吃的单调菜品外，无从得知其他菜品，但他们却连中国境内常见的牛肉也无法经常吃到。为了学习朝文来到这里的学生，在如此恶劣的环境中坚守朝文，真是伟大的朝鲜族精神。现在基本上吃穿不愁的我们，面对这样如此令人敬佩的现实，又有谁敢装作没看见，扬长而去呢？当天晴朗的午后，小学生们为我们送行。与大家相约明年再见后，我们一行人怀着百感交集的心情，离开了二道岗村。

长白山的野花

我从噩梦中醒来，睁眼一看，日光灯把房间照得亮如白昼。时针指向了三点，窗外一片寂静，安静得令人恐惧。

也许城市的人群已经适应了噪声，会毫无缘由地惧怕寂静。安静的瞬间，心脏怦怦直跳。

哪怕是我的心脏，我也只希望它能跳得更激烈一些。

睡意跑得无影无踪，我辗转反侧，回想起湮没在记忆里的往事。夜，毫无来由地压抑着我沉甸甸的心。我不断审视着自己走过的足迹。最近这是第几次了？说不出口的不吉之梦，我只好自我安慰道："梦和现实都是反着的，这肯定是象征吉祥的好梦。"寂静的夜晚，在这一刻，电光石火间，我回顾了几晚未能入眠的自己。

从延边参加活动回来已经过去了 3 个月，我心中的一角却一直漂浮在延边的天空上，只剩下一具躯壳在夜晚无力地辗转反侧。怎么做才能在明年也把快乐分享给生活在那片土地上的，我所热爱的同胞们呢？这个想法一整天，不，自三个月以来，一直支配着我的生活。我平复着自己的心情，心里想道：即便身体不舒服，考虑到以后，也得保证身体健康啊！

L 兄，我觉得我们现在是不是得先回头看看走过的路再前行？生物学用语中有"渗透压作用"一词。当然，这是大家都知道的，我觉得有必要反复推敲一下这个词语的意思。这个作用不就是指浓度低的物质被浓度高的地方所吸收吗？我觉得从某方面而言，这句话同“弱肉强食法则”是一致的。换句话说，我觉得这是顺应自然的，是生态界的原则、法则。

我认为，我们若想让自身不沦为自然法则中无辜的牺牲者，就只能壮大自己的力量，成为强者。因此我们在这残酷的社会环境中，不得不比别人学得更多，比别人积累更多的财富，将薄弱的力量汇集在一起，向世人展示群体的力量。

今年 8 月 7 日，我参加了韩国文艺思潮社和延边大学附属朝鲜语言研究所开展的合作交流活动，而那是我作为与会人员再次入境时发生的事情。具体的日期我记不太清楚了，依稀记得好像是 8 月 11 日晚上，在昏暗的松基酒店咖啡厅，您掏出了一个白信封，小心翼翼地递给了我。

我掏出里边装的纸张，因为年龄大了，没办法直接看，便戴上老花镜一字一句地读了起来。读的瞬间，我的心情莫名其妙地变得格外沉重，越往下读，越是有一种难以名状的悲伤弥漫在心间。啊！这不是一个人，而是我们同胞的集体遗言。瞬间，这样的想法掠过了我的脑海。那时我该用什么话来安慰你呢？我用绝望的语调说道：“这是遗书啊！”之后便无法再言语，陷入了沉默。

而最后在你们过去的历史毫无意义地消失于暗黑天际之前，起码在文学方面，集各家之大成的《20 世纪中国朝鲜族文学资料集》能得以编著出版，流传于世。我为自己能参与到这一意义深远的计划中来，深感荣幸。

从几个月前到现在，情况突变，难以预料的事件在现实中发生。回首再看这种现状，我紧握双拳，在这寂静的夜晚，提笔给 L 兄写下了这篇文字。

L 兄，生育之情和养育之恩，哪个更珍贵呢？其实这个问题就像问先有鸡还是先有蛋一样愚蠢，但是我这样想：前者有其珍贵之处，后者不也有其珍贵之处吗？如果一定要说“哪一个更”如何，这样的问题反而令人觉得可笑。我们有时会看到或听到这样的报道：有人把刚生下来的孩子裹在襁褓中，偷偷地放在别人家大门前，让别人养活，真是人心不古。父母抛弃了孩子，那孩子岂不是失去了世上所有的一切？

但是近日的丑态，我得如何辩解才能说服你们呢？我以什么脸面来面对你们呢？正如历史告诉我们的一样，我们在列强的夹缝中艰难地存活了下来。而这本身从某种意义上而言，正是有福之象征。我觉得那些抛弃孩子的父母一点都不需要我们去埋怨，面对残酷冷漠的父母，孩子倒还不如选择被遗弃，被遗弃后，自己去寻找自己的幸福。

我爬上六月的长白山上，看到了不知名的野花。它在贫瘠的岩石间，经受了狂风严寒，安然度过了漫长的冬天，最终绚丽绽放。也许明年再上长白山的时候，它依旧会在原来的地方盛开吧。那是因为它已经掌握了开花的窍门。虽说花朵看起来非常柔弱，不久就会凋零，但它却一直盛开在我的心中，淡雅而美丽。这是为什么呢？我想那花朵不正是你们吗？

越过图们江，在人生地不熟的异国他乡，你们冒着零下 30 多度的严寒，开垦荒地、扎根落户，着实令人自豪。而为了能在艰辛的社会中苟且存活，你们无暇回头品味宝贵生命之价值。是谁像丢破鞋一样丢弃了你们？有谁会否认你们是我的同胞？我的同胞们，目前身处剧变的时代，虽然目前生活困难，但依然有梦想，有明天。这个世界，只有对明天怀有梦想的人，才能生存下来。

贫穷不是罪，也不是耻辱。这句话就像口头禅一样，曾被我挂在嘴边。到了今天我却对此感到羞愧无比。贫穷成了罪恶，长白山的野花因此丢掉了性命，受到了虐待，被人歧视。但它却依旧不屈不挠，将会在那里永远盛开。

参考文献

[1]（日）涩泽荣一 . 论语与算盘［M］. 余贝，译 . 北京：九州出版社，2012.

[2] 葛兆光 . 想象异域——读李朝朝鲜汉文燕行文献札记［M］. 北京：中华书局，2014.

[3] 宋希仁 . 当代外国伦理思想［M］. 北京：中国人民大学出版社，2000.

[4]（韩）李尚圭 . 素井漫谈［M］. 王倩倩，梁钊，译 . 保定：河北大学出版社，2014.

[5]（韩）李尚圭 . 李尚圭诗选［M］. 梁钊，译 . 保定：河北大学出版社，2013.

[6] 梁钊，刘金柱 . 域外典籍与中韩文化：朝鲜金存敬与《竹溪集》研究［M］. 保定：河北大学出版社，2021.